I0157971

PARAMAHANSA YOGANANDA
(1893 — 1952)

PARAMAHANSA YOGANANDAN
SANONTOJA

Self-Realization Fellowship
FOUNDED 1920
Paramahansa Yogananda

TIETOA KIRJASTA: Tämä kooste Paramahansa Yoganandan lausumia, anekdootteja ja viisauden sanoja ilmestyi alkuaan Self-Realization Fellowshipin julkaisemana nimellä *The Master Said* vuonna 1952 pian hänen poismenonsa jälkeen. Kirjan kokosivat ja painoivat Paramahansa Yoganandan perustaman Self-Realization Fellowship -luostarikunnan jäsenet; kirjaa on pidetty saatavana jatkuvasti yli neljänkymmenen vuoden ajan. Olemme kiitollisia niille monille oppilaille, jotka ovat kertoneet kirjassa julkaistut rakkaat muistonsa henkilökohtaisista keskusteluista ja kokemuksistaan Sri Yoganandan kanssa.

Englanninkielinen alkuteos: *Sayings of Paramahansa Yogananda,*
julkaissut *Self-Realization Fellowship*, Los Angeles, Kalifornia

ISBN-13: 978-0-87612-115-3
ISBN-10: 0-87612-116-0

Suomentanut Self-Realization Fellowship
Copyright © 2013 Self-Realization Fellowship

Kaikki oikeudet pidätetään. Lukuun ottamatta lyhyitä, kirja-arvioinneissa käytettäviä lainauksia mitään osaa kirjasta *Paramahansa Yoganandan sanontoja* (*Sayings of Paramahansa Yogananda*) ei saa jäljentää, varastoida, välittää tai esittää missään muodossa eikä millään nykyään tunnetulla tai myöhemmin käyttöön otettavalla menetelmällä (sähköisesti, mekaanisesti tai muuten) – mukaan lukien valokopiointi, äänittäminen, tietojen tallennus- ja tulostusmenetelmät – ilman ennalta pyydettyä lupaa osoitteesta: Self-Realization Fellowship, 3880 San Rafael Avenue, Los Angeles, California 90065–3219, U.S.A.

Self-Realization Fellowship -järjestön Kansainvälisen
julkaisuneuvoston hyväksymä

Self-Realization Fellowship -nimi ja yllä nähtävä tunnus esiintyvät kaikissa SRF-kirjoissa, äänitteissä ja muissa julkaisuissa varmistamassa, että ne ovat Paramahansa Yoganandan perustaman järjestön tuottamia ja seuraavat uskollisesti hänen opetuksiaan.

Ensimmäinen suomenkielinen *Self-Realization Fellowshipin*
tuottama painos 2013
First edition in Finnish from Self-Realization Fellowship, 2013

ISBN-13: 978-0-87612-382-9
ISBN-10: 0-87612-382-5

1206-J2285

SISÄLLYS

KUVALUETTELO

Paramahansa Yogananda:

Muuta

PARAMAHANSA YOGANANDAN
HENGELLINEN PERINTÖ

Vuosisata syntymänsä jälkeen Paramahansa Yogananda on saavuttanut aseman yhtenä aikamme huomattavimmista hengellisistä vaikuttajista. Monet hänen vuosikymmeniä sitten käyttämänsä uskonnolliset ja filosofiset käsitteet sekä menetelmät ovat löytämässä tiensä koulutukseen, psykologiaan, liike-elämään, lääketieteeseen ja muille elämänaloille myötävaikuttaen kauaskantoisin tavoin entistä ehyemmän, humaanimman ja henkisemmän ihmiskäsityksen syntyyn.

Se että Paramahansa Yoganandan opetuksia tulkitaan ja sovelletaan luovasti monilla eri aloilla ja myös erilaisten filosofisten ja metafyysisten liikkeiden toimesta osoittaa hänen opetustensa suuren käytännöllisen hyödyllisyyden. Se tekee kuitenkin myös selväksi, että on oltava jokin tapa varmistaa, ettei hänen jättämänsä hengellinen perintö pääse laimenemaan, pirstaloitumaan tai vääristymään ajan myötä.

Kun tarjolla on kasvava joukko tiedonlähteitä Paramahansa Yoganandasta, lukijat toisinaan tiedustelevat, miten he voivat olla varmoja, että jokin julkaisu kuvaa hänen elämäänsä ja opetuksiaan oikein. Vastauksena näihin kysymyksiin haluamme todeta, että Sri Yogananda perusti Self-Realization Fellowshipin [1] levittämään opetuksiaan ja säilyttämään niiden puhtauden ja alkuperäisen sisällön tuleville sukupolville. Hän valitsi ja koulutti henkilökohtaisesti ne läheiset oppilaansa,

---

[1] Kirjaimellisesti "Itse-oivalluksen yhteisö". Paramahansa Yogananda on selittänyt, että Self-Realization Fellowship -nimi merkitsee yhteyttä Jumalan kanssa Itse-oivalluksen avulla ja ystävyyttä kaikkien totuutta etsivien sielujen kanssa. Katso myös sanastoa ja kohtaa "Self-Realization Fellowshipin päämäärät ja ihanteet".

jotka johtavat Self-Realization Fellowshipin julkaisuneuvostoa, ja antoi heille tarkat ohjeet, jotka koskevat hänen puheidensa, kirjoitustensa sekä *Self-Realization Fellowshipin opetuskirjeiden* julkaisemista. Julkaisuneuvoston jäsenet vaalivat näitä ohjeita pyhänä luottamustehtävänään, jotta tämän rakastetun maailmanopettajan universaali viesti voi elää alkuperäisessä voimassaan ja autenttisuudessaan.

Sri Yogananda otti käyttöön Self-Realization Fellowshipin nimen ja symbolin (painettuna tämän esityksen ylle) sen organisaation tunnuksiksi, jonka hän perusti jatkamaan maailmanlaajuista hengellistä ja humanitaarista työtään. Ne esiintyvät kaikissa Self-Realiazation Fellowshipin julkaisemissa kirjoissa, audio- ja videotallenteissa, filmeissä sekä muissa julkaisuissa ja vahvistavat näiden teosten olevan lähtöisin Paramahansa Yoganandan perustamasta järjestöstä ja välittävän hänen opetuksensa uskollisesti sellaisina kuin hän itse tahtoi.

Self-Realization Fellowship

ESIPUHE

Ketä voidaan oikeutetusti kutsua mestariksi? Varmastikaan kukaan tavallinen ihminen ei ansaitse tätä arvonimeä. Vain harvoin maan päälle ilmaantuu joku niistä pyhistä, joihin galilealainen mestari viittasi: "Joka uskoo minuun, on tekevä sellaisia tekoja kuin minä teen, ja vielä suurempiakin."[1]

Ihmisistä tulee mestareita, kun he saavat pienen minänsä eli egon kurinalaiseksi; luopuvat kaikista haluistaan lukuun ottamatta sitä, joka suuntautuu Jumalaan; rakastavat ehdottoman antaumuksellisesti Häntä, sekä meditoivat syvästi eli harjoittavat sielun yhteyttä Universaaliin Henkeen. Sitä, jonka tajunta on järkähtämättömästi ankkuroitunut Herraan, ainoaan Todellisuuteen, voidaan oikeutetusti kutsua mestariksi.

Paramahansa Yogananda, mestari, jonka sanoja on rakastaen kerrottu tässä kirjassa, oli maailman opettaja. Tuomalla esille suurien uskonnollisten kirjoitusten olennaista yhteneväisyyttä hän pyrki yhdistämään itää ja länttä pysyvin hengellisen ymmärtämyksen sitein. Elämällään ja kirjoituksillaan hän sytytti lukemattomissa sydämissä hengellisen rakkauden kipinän Jumalaa kohtaan. Hän eli pelotta uskonnon korkeimpien ohjeiden mukaan ja julisti, että kaikki Taivaallisen Isän palvojat – riippumatta siitä, mihin uskontokuntaan he kuuluvat – ovat yhtä rakkaita Hänelle.

Paramahansa Yoganandaa valmisti lännessä suoritettavaa tehtävää varten kotimaassa Intiassa saatu yliopistokoulutus

---

[1] Joh. 14:12.

sekä hänen gurunsa (hengellisen opettajansa) Swami Sri Yukteswarin antama spartalaisen kurinalainen, vuosien mittainen hengellinen koulutus. Sri Yogananda saapui Bostoniin vuonna 1920 Intian edustajana Uskontoliberaalien kongressiin, ja hän jäi Amerikkaan yli kolmeksikymmeneksi vuodeksi (poikkeuksena Intian vierailu vuosina 1935–36).

Hänen pyrkimyksensä herättää muissa halua Jumalayhteyteen saavutti ilmiömäistä menestystä. Sadoissa kaupungeissa hänen joogaluokkiensa [1] osanottajamäärät ylsivät ennätyslukemiin. Hän antoi henkilökohtaisesti joogainitiaation sadalletuhannelle oppilaalle.

Niitä palvojia varten, jotka tahtovat seurata luostaripolkua, Mestari perusti useita Self-Realization Fellowship -luostarikeskuksia eteläiseen Kaliforniaan. Niissä monet totuuden etsijät opiskelevat, työskentelevät ja paneutuvat meditaatioharjoituksiin, joiden avulla mieli hiljentyy ja sielutietoisuus herää.

Seuraava tapaus Mestarin elämästä Amerikassa valaisee sitä rakastavaa vastanottoa, jonka hän sai osakseen hengellistä oivalluskykyä omaavilta:

Yhdysvaltojen moniin osiin suuntautuvalla matkallaan hän pysähtyi eräänä päivänä vieraillakseen kristillisessä luostarissa. Munkkiveljet ottivat hänet vastaan hieman ihmeissään pannen merkille hänen tumman ihonsa, pitkän mustan tukkansa ja oranssin kaapunsa, joka on svami-veljestön [2] perinteinen asu. Koska he pitivät häntä pakanana, he olivat juuri aikeissa kieltää häntä tapaamasta apottia, kun tuo hyvä mies astui huoneeseen. Kasvot loistaen ja avoimin sylin hän tuli Paramahansajin [3] luo ja halasi tätä huudahtaen: "Jumalan mies! Olen onnellinen, että olet saapunut."

Tämä kirja paljastaa lisää henkilökohtaisia välähdyksiä Mestarin monipuolisesta luonteesta, josta hehkui

---

[1] Ks. sanastoa: jooga.
[2] Ks. sanastoa: svami.
[3] Ks. sanastoa: ji.

myötätuntoista ymmärrystä ihmisiä kohtaan ja rajatonta rakkautta Jumalaan.

Mestarin sanonnoista koostuvan valikoiman julkaiseminen on Self-Realization Fellowshipin etuoikeus ja pyhä perintöoikeus; tämän järjestön Paramahansa Yogananda perusti levittämään ja ikuistamaan kaikkia opetuksiaan ja kirjoituksiaan. Teos on omistettu hänen maailmanlaajuiselle Self-Realization Fellowship -opiskelijaperheelleen ja muille totuuden etsijöille.

KIRJOITTAJASTA

"Jumalan rakastamisen ja ihmiskunnan palvelemisen ihanteet toteutuivat täysimittaisesti Paramahansa Yoganandan elämässä. – – Vaikka hän vietti suuren osan elämästään Intian ulkopuolella, hän kuuluu suurten pyhimystemme joukkoon. Hänen työnsä jatkaa kasvuaan loistaen yhä kirkkaammin ja kutsuen ihmisiä kaikkialla Hengen pyhiinvaellustielle."

Näillä sanoilla Intian hallitus osoitti kunnioitustaan Self-Realization Fellowship / Yogoda Satsanga Society of India -järjestön perustajalle julkaistessaan maaliskuun seitsemäntenä 1977 muistopostimerkin hänen poismenonsa kahdentenakymmenentenä viidentenä vuosipäivänä.

Paramahansa Yogananda tuli Yhdysvaltoihin vuonna 1920 Intian edustajana Uskontoliberaalien kansainväliseen kongressiin. Vuonna 1925 hän perusti Los Angelesiin Self-Realization Fellowshipin kansainvälisen päämajan; sieltä käsin *Self-Realization-opetuskirjeet* koskien *kriya*-joogan meditaatiotiedettä ja hengellistä elämäntaitoa ovat opiskelijoiden saatavilla kaikkialle maailmaan. Näiden opetusten painopiste on kehon, mielen ja sielun tasapainoisessa kehittymisessä; niiden tavoite on Jumalan välitön henkilökohtainen kokeminen.

"Paramahansa Yogananda toi länsimaihin Intian ikuisen lupauksen Jumalan oivaltamisesta sekä käyttökelpoisen menetelmän, jonka avulla kilvoittelijat eri elämän aloilta voivat nopeasti edetä tuota päämäärää kohti", kirjoitti tohtori Quincy Howe Jr., Scripps Collegen muinaisten kielten professori. *"Alkuaan Intian hengellistä perintöä pystyttiin arvostamaan*

lännessä vain ylevällä ja abstraktilla tasolla, mutta nykyään se on avoin jokaiselle Jumalan tavoittelijalle käytännön harjoituksina ja kokemuksellisesti, ei tuonpuoleisessa vaan tässä ja nyt. – – Yogananda on tuonut jaloimmat mietiskelymenetelmät kaikkien ulottuville."

Nykyään Paramahansa Yoganandan aloittama hengellinen ja humanitaarinen työ jatkuu hänen läheisimpiin oppilaisiinsa lukeutuvan Sri Mrinalini Matan ohjauksessa. Sri Mrinalini Mata on toiminut Self-Realization Fellowship/Yogoda Satsanga Society of India -järjestön presidenttinä vuodesta 2011 lähtien. Sri Yoganandan elämää ja opetuksia on kuvattu hänen itsensä kirjoittamassa teoksessa *Joogin omaelämäkerta* (*Autobiography of a Yogi*).

PARAMAHANSA YOGANANDAN

SANONTOJA

PARAMAHANSA YOGANANDAN SANONTOJA

"Sir, mitä minun tulisi tehdä löytääkseni Jumalan?" eräs opiskelija kysyi. Mestari sanoi:
"Jokaisena lyhyenäkin vapaahetkenäsi syvennä mielesi ajattelemaan Häntä, Hänen äärettömyyttään. Puhu Hänelle tuttavallisesti. Hän on läheisistä läheisin, rakkaista rakkain. Rakasta häntä, kuten saituri rakastaa rahaa, kuten kiihkomielinen rakastaa lemmittyään ja kuten hukkuva haluaisi hengittää. Kun kaipaat Jumalaa palavasti, hän saapuu sinuun."

. . .

Opiskelija valitti Mestarille, ettei pystynyt löytämään työtä. Guru[1] sanoi:
"Älä takerru tuohon tuhoisaan ajatukseen. Olet maailmankaikkeuden osa, ja sinulla on siinä tärkeä sija. Jos on välttämätöntä, myllerrä maailma ylösalaisin löytääksesi oman työsi! Älä anna periksi ja onnistut."

. . .

"Toivoisin, että minulla olisi uskoa, Mestari", eräs mies sanoi. Paramahansaji vastasi:
"Uskoa täytyy kehittää tai paremminkin paljastaa

---

[1] Ks. sanastoa.

sisimmästämme. Se on olemassa, mutta se täytyy saada esiin. Tarkkaile elämääsi, ja huomaat lukemattomia tapoja, joilla Jumala toimii elämässäsi; näin uskoi lujittuu. Vain harvat etsivät Jumalan salattua kättä. Useimpien mielestä tapahtumien kulku on luonnollinen ja väistämätön. He eivät tiedä, kuinka valtavia muutoksia rukous voi aiheuttaa."

．．．

Muuan oppilas loukkaantui mistä tahansa puutteitaan koskevasta huomautuksesta. Eräänä päivänä Paramahansaji sanoi: "Miksi sinun pitäisi nousta vastahankaan, kun sinua ohjataan oikeaan? Enkö minä ole täällä juuri sitä varten? Guruni torui minua usein muiden läsnä ollessa. En pahastunut, sillä tiesin Sri Yukteswarin yrittävän hävittää tietämättömyyttäni. Nyt en aristele kritiikkiä: sairaita kohtia, joita toisten kosketus satuttaisi, ei minussa enää ole.

"Tästä syystä kerron sinulle kaunistelematta puutteistasi. Jos et paranna mielesi arkoja kohtia, vavahdat kivusta joka kerta, kun muut hieraisevat niitä."

．．．

Mestari sanoi oppilasryhmälle:
"Herra on järjestänyt meille tämän vierailun maan päälle, mutta useimmiten meistä tulee epätoivottuja vieraita, koska alamme pitää yhtä ja toista täällä omanamme. Unohdamme vierailumme ohimenevän luonteen ja kehitämme erilaisia sidoksia: 'minun kotini', 'minun työni', 'minun rahani', 'minun perheeni'.

"Mutta kun maaviisumimme menee umpeen, jokainen ihmiselämään kuuluva side katoaa. Meidän täytyy jättää taaksemme kaikki mitä luulimme omistavamme. Vain Yksi, joka seuraa meitä joka paikkaan, on Ikuinen Sukulaisemme, Jumala.

"Oivalla *nyt*, että olet sielu etkä keho. Miksi odottaisit, kunnes kuolema opettaa sinua julmasti."

. . .

Mestari oli pitänyt tarpeellisena moittia oppilasta vakavasta virheestä. Sen jälkeen hän sanoi huokaisten:
"Tahtoisin vaikuttaa toisiin ainoastaan rakkaudella. Suorastaan kuihdun, kun minun täytyy opettaa heitä muilla tavoin."

. . .

Ylimielinen älykkö yritti hämmentää Mestaria keskustelemalla monimutkaisista filosofisista ongelmista. Paramahansaji sanoi hymyillen:
"Totuus ei koskaan pelkää kysymyksiä."

. . .

"Olen liian tiukasti juuttunut virheisiini edetäkseni hengellisesti", eräs oppilas uskoutui murheissaan Paramahansajille. "Pahat tapani ovat niin voimakkaat, että näännyn yrittäessäni taistella niitä vastaan."
"Pystytkö paremmin taistelemaan niitä vastaan huomenna kuin tänään?" Mestari kysyi. "Miksi lisäisit tämän päivän virheet eilisiin? Joskus sinun täytyy kääntyä Jumalan puoleen, eikö siis ole parempi kääntyä heti? Jättäydy vain Hänen huomaansa ja sano: 'Herra, olenpa tuhma tai kiltti, olen Sinun lapsesi. Sinun täytyy pitää minusta huolta.' Jos jatkat yrittämistä, edistyt. 'Pyhimys on syntinen, joka ei koskaan antanut periksi.'"

. . .

"Sisäisen ilon puuttuessa ihmiset kääntyvät pahaan", Mestari sanoi. "Autuuden Jumalan meditointi täyttää meidät hyvyydellä."

· · ·

"Keho, mieli ja sielu ovat vuorovaikutuksessa keskenään", Mestari sanoi. "Sinulla on velvollisuus kehoa kohtaan: sen kunnossa pitäminen; mieltä kohtaan: sen kykyjen kehittäminen; sekä velvollisuus sielua kohtaan: päivittäinen olemuksesi Alkulähteen meditointi. Jos täytät velvollisuutesi sielua kohtaan, keho ja mielikin hyötyvät. Mutta jos laiminlyöt sielusi, lopulta myös keho ja mieli kärsivät."

· · ·

"Kaikella luomakunnassa on yksilöllisyys", Mestari sanoi. "Herra ei koskaan toista itseään. Samoin ihmisen etsiessä Jumalaa lähestymistapoja ja ilmaisumuotoja on lukemattomin vivahtein. Kunkin palvojan rakkaussuhde Jumalaan on ainutlaatuinen."

· · ·

"Auttaako koulutuksenne oppilaita saavuttamaan rauhan itsensä kanssa?" vierailija kysyi. Paramahansaji vastasi:
"Kyllä, mutta se ei ole keskeisin opetukseni. Parasta on olla rauhassa Jumalan kanssa."

· · ·

Luostarissa käyvä vierailija ilmaisi epäilyksen ihmisen kuolemattomuudesta. Mestari sanoi:
"Yritä oivaltaa, että olet jumalallinen matkaaja. Olet täällä

vain pienen hetken, sitten siirryt toisenlaiseen kiehtovaan maa-ilmaan.[1] Älä rajoita ajatteluasi yhteen lyhyeen elämään ja yhteen pieneen maapalloon. Muista se Hengen valtavuus, joka sinussa on."

• • •

"Ihminen ja luonto ovat erottamattomasti toisiinsa liittyneet ja toisiinsa sidoksissa yhteisen kohtalon kautta", Mestari sanoi. "Luonnonvoimat toimivat yhdessä ihmistä palvellen: aurinko, maa, tuuli ja sade auttavat tuottamaan hänelle ruokaa. Ihminen ohjaa luontoa, joskin tavallisesti tietämättään. Tulvat, pyörremyrskyt, maanjäristykset ja kaikki muut luonnonmullistukset ovat seurausta ihmisten monista vääristä ajatuksista. Jokainen tien varren kukkanen on ilmaus jonkun hymystä, jokaisessa hyttysessä ruumiillistuu jonkun pistävä puhe.

"Palvelija Luonto kapinoi ja tulee hillittömäksi, kun luomakunnan mestari nukkuu. Mitä enemmän hän herää hengellisesti, sitä helpompi hänen on ohjailla Luontoa."

• • •

"Veteen kaadettu maito sekoittuu veden kanssa, mutta voi, joka on kirnuttu maidosta, kelluu veden päällä", Mestari sanoi. "Samoin tavallisen ihmisen mielen maito sekoittuu nopeasti harhan[2] vesiin. Hengellisen itsekurin harjoittaja kirnuaa mielensä maidon jumalallisen vakauden voitilaan. Vapaana maallisista haluista ja sidonnaisuuksista hän pystyy tyynesti kellumaan maallisen elämän vetten päällä alati Jumalaan keskittyneenä."

[1] Ks. sanastoa: astraalimaailmat.
[2] Ks. sanastoa: maya.

. . .

Kun eräs opiskelija tuli sairaaksi, Paramahansaji neuvoi häntä kääntymään lääkärin puoleen. Oppilas kysyi: "Mestari, miksette *Te* parantanut häntä?" "Ne, jotka ovat saaneet Jumalalta parantamisen voiman, käyttävät sitä vain silloin kun Hän käskee", Mestari vastasi. "Herra tietää, että joskus Hänen lastensa täytyy kestää kärsimystä. Niiden, jotka tahtovat jumalallista parantumista, pitäisi olla valmiit elämään Jumalan lakien mukaan. Pysyvä parantuminen ei ole mahdollista, jos ihminen jatkaa entisiä virheitään ja siten kutsuu sairautta uusimaan.

"Todellisen paranemisen aiheuttaa vain hengellinen ymmärrys", hän jatkoi. "Ihmisen tietämättömyys todellisesta olemuksestaan eli sielusta on muiden kurjuuksien – fyysisten, aineellisten ja mentaalisten – perussyy."

. . .

"Sir, vaikuttaa siltä, etten edisty meditaatiossani. En näe enkä kuule mitään", opiskelija sanoi. Mestari vastasi: "Etsi Jumalaa Hänen itsensä takia. Korkein kokemus on tuntea Hänet Autuutena, joka pulppuaa äärettömistä syvyyksistäsi. Älä toivo näkyjä, hengellisiä ilmiöitä tai jännittäviä kokemuksia. Jumaluuteen vievä tie ei ole sirkus!"

. . .

"Koko maailmankaikkeus on luotu Hengestä", Mestari sanoi oppilasryhmälle. "Tähti, kivi, puu ja ihminen ovat yhtäläisesti muodostuneet Ainoasta Substanssista, Jumalasta. Tuottaakseen eriytyneen luomakunnan Herran oli annettava kaikelle yksilöllisyyden *näennäisasu*.

"Väsyisimme nopeasti maalliseen näytelmään, jos

huomaisimme vaivatta, että vain Yksi Persoona tuottaa sen kokonaan: kirjoittaa käsikirjoituksen, maalaa kulissit, ohjaa esityksen ja näyttelee kaikki osat. Mutta 'shown täytyy jatkua', ja siksi Mestari Näytelmäkirjoittaja on saattanut koko kosmoksen ilmentämään käsittämätöntä kekseliäisyyttä loputtomine eri muotoineen. Hän on antanut epätodellisille näennäisen todellisuuden."

"Mestari, miksi shown tulee jatkua?" oppilas kysyi.

"Se on Jumalan *lilaa*, leikkiä, urheilua", Guru vastasi. "Hänellä on oikeus eriyttää itsensä moneksi, jos Hän niin tahtoo. Kaiken tämän tarkoitus on, että ihminen näkisi Hänen kujeensa läpi. Ellei Jumala kätkisi itseään *mayan* huntuihin, kosmista luomisen leikkiä ei voisi olla. Saamme leikkiä piilosta Hänen kanssaan yrittäen löytää Hänet voittaaksemme Pääpalkinnon."

. . .

Eräälle oppilasryhmälle Mestari sanoi:

"Tiedän, että jos minulla ei olisi mitään, jokainen teistä on ystäväni ja tekisi mitä vain puolestani. Ja te tiedätte, että minä olen teidän ystävänne, ja autan teitä kaikin tavoin. Me näemme Jumalan toinen toisissamme. Tällainen on mitä kaunein suhde."

. . .

Mestari vaati tavallisesti hiljaisuutta niiltä, jotka elivät hänen läheisyydessään. Hän selitti: "Jumalan autuuden geisir suihkuaa väistämättä ylös hiljaisuuden syvyyksistä ja valuu ihmisolemuksen ylle."

. . .

Oppilaat pitivät etuoikeutena palvella Gurua, joka lakkaamatta työskenteli heidän hyväkseen. Oppilasryhmälle, joka oli tehnyt hänelle jonkin työn, Mestari sanoi:

"Te olette kaikki minulle niin hyviä monine huomaa-
vaisuuksinenne"

"Voi ei! Te se olette hyvä meille, Mestari", oppilas huudahti.

"Jumala auttaa Jumalaa", Paramahansaji sanoi suloisesti
hymyillen. Tämä on Hänen ihmiselämänäytelmänsä 'juoni.'"

· · ·

"Hävitä kaikki halut, vapaudu egosta – kaikki tämä kuulos-
taa minusta sangen kielteiseltä, Mestari", opiskelija huomautti.
"Jos luovun noin paljosta, mitä minulle jää?"

"Itse asiassa kaikki, koska silloin olet rikas Hengessä,
Universaalissa Olemuksessa", Mestari vastasi. "Kun et enää ole
eksynyt kerjäläinen, joka tyytyy leivän kannikkaan ja vähäisiin
kehon mukavuuksiin, olet saavuttanut takaisin ylevän asemasi
Äärettömän Isän poikana. Tämä ei ole negatiivinen tila!"

Hän lisäsi: "Egon hävittäminen päästää todellisen Itsen lois-
tamaan. Jumalallisuuden toteuttaminen on tila, jota on mah-
doton selittää, koska mikään muu ei ole siihen verrattavissa."

· · ·

Selittäessään Kolminaisuutta eräälle oppilasryhmälle
Mestari käytti seuraavaa vertausta:

"Voimme sanoa, että Isä Jumala, joka on olemassa väräh-
telemättömässä tyhjyydessä ilmiöiden takana, on luomakuntaa
kannatteleva Pääoma. Poika eli maailmankaikkeuden täyttävä
intelligentti Kristus-tietoisuus on Hallinto. Ja Pyhä Henki eli
jumalallinen näkymätön värähtelyvoima, joka tuottaa kaikki
luomakunnan muodot, on Työväki."[1]

---

[1] Ks. sanastoa: Sat-Tat-Aum.

• • •

"Mestari, olette opettanut meitä, ettemme rukoilisi saadaksemme jotain, vaan ainoastaan haluaisimme Jumalan paljastavan itsensä meille. Emmekö koskaan saa pyytää Häntä täyttämään jotain erityistä tarvettamme?" oppilas kysyi.

"Saamme kertoa Herralle, että tahdomme jotain", Paramahansaji vastasi. "Mutta osoittaa suurempaa uskoa, jos yksinkertaisesti sanomme: 'Taivaallinen Isä, tiedän, että Sinä ennakoit jokaisen tarpeeni. Ylläpidä elämääni Sinun tahtosi mukaan.'

"Jos joku esimerkiksi haluaa autoa ja rukoilee tarpeeksi keskittyneesti saadakseen sen, hänen halunsa toteutuu. Mutta auton omistaminen ei ehkä ole hänelle parasta. Joskus Herra ei vastaa pieniin rukouksiimme, koska Hän aikoo antaa meille jotain parempaa." Hän lisäsi: "Luota enemmän Jumalaan. Usko että Hän, joka loi sinut, pitää elämäntarpeistasi huolta."

• • •

Oppilas, joka tunsi epäonnistuneensa vaikeassa hengellisessä kokeessa, soimasi itseään. Mestari sanoi:

"Älä pidä itseäsi syntisenä, muuten alennat sen Jumalan kuvan, joka on sisimmässäsi. Miksi samastuisit heikkouksiisi? Toista sen sijaan totuutta: *Olen Jumalan lapsi.* Rukoile Häntä: 'Olenpa tuhma tai kiltti, olen Sinun omasi. Havahduta minut muistamaan uudelleen Sinut, oi Taivaallinen Isä!'"

• • •

"Ajattelen usein, että Jumala unohtaa ihmisen", selitti Encinitasin [1] luostarissa vieraileva kävijä. "Herra tosiaankin pitää etäisyyttä ihmiseen."

[1] Encinitas on pieni merenrantakaupunki eteläisessä Kaliforniassa. Siellä sijaitsee Yoganandajin vuonna 1937 perustama SRF-luostarikeskus.

"Ihminen se pitää etäisyyttä", Mestari vastasi. "Kuka etsii Jumalaa? Useimpien mielen temppeli on täynnä levottomien ajatusten ja halujen epäjumalankuvia; Herra on unohdettu. Silti Hän lähettää ajoittain valaistuneet poikansa muistuttamaan ihmistä jumalallisesta perintöosastaan. "Jumala ei koskaan hylkää meitä. Hän toimii hiljaisesti kaikin tavoin auttaakseen rakkaita lapsiaan ja nopeuttaakseen heidän hengellistä kehitystään."

．　．　．

Nuorelle seuraajalle, joka pyysi häneltä apua, Mestari sanoi:

"Maailma saa sinut luomaan huonoja tottumuksia, mutta maailma ei kanna vastuuta niistä virheistä, joihin nuo tottumukset johtavat. Miksi siis antaisit kaiken aikasi petolliselle ystävälle, maailmalle? Varaa tunti päivässä tieteelliseen sielun tutkisteluun. Eikö Herra – elämäsi, perheesi, rahasi ja kaiken muun Antaja – ansaitse yhtä kahdeskymmenesneljäs osaa ajastasi?"

．　．　．

"Miksi jotkut ihmiset pilkkaavat pyhimyksiä?" oppilas kysyi. Mestari vastasi:

"Pahantekijät vihaavat totuutta, ja maailmalliset ihmiset tyytyvät elämän ylä- ja alamäkiin. Kummatkaan eivät tahdo muuttua. Näin ollen ajatus pyhimyksistä saa heidän olonsa tuntumaan epämukavalta. He ovat verrattavissa henkilöön, joka on elänyt monta vuotta pimeässä huoneessa. Joku tulee ja sytyttää valon. Puolisokeasta äkkinäinen kirkkaus näyttää luonnottomalta."

．　．　．

Puhuessaan eräänä päivänä rotuennakkoluuloista Mestari sanoi: "Jumalaa eivät miellytä loukkaukset, joita Hän saa käyttäessään tummia pukujaan."

.   .   .

"Meidän ei tule pelästyä tuskan painajaisista eikä innostua liikaa kauniiden kokemusten unista", Mestari sanoi. "Pitäytymällä näihin välttämättömiin kaksinaisuuksiin eli *mayan* vastakohtapareihin, kadotamme ajatuksen Jumalasta, Autuuden Muuttumattomasta Asuinsijasta. Kun heräämme Hänessä, oivallamme, että kuolevainen elämä on vain varjoista ja valosta koostuva kuva kosmisella elokuvakankaalla."

.   .   .

"Yritän kyllä hiljentää mieleni, mutta minulla ei ole voimaa karkottaa levottomia ajatuksia ja tunkeutua sisäiseen maailmaan", vierailija huomautti. "Minulta täytyy puuttua antaumuksellista rakkautta."

"Vaikka istuisit hiljentyen ja yrittäen tuntea antaumusta, et ehkä kovin usein päädy mihinkään. Tämän takia opetan tieteellisiä meditaatiotekniikoita. Harjoita niitä ja pystyt irrottamaan mielesi aistiärsykkeistä ja tavallisesti loputtomina virtaavista ajatuksista."

Hän lisäsi: "*Kriya*-joogan[1] avulla tajunta toimii korkeammalla tasolla. Antaumus Ääretöntä Henkeä kohtaan nousee silloin spontaanisti ihmissydämestä."

.   .   .

Sri Yoganandaji kuvaili seuraavaan tapaan "tekemättömyyden" tilaa, joka mainitaan *Bhagavadgitassa*:[2]

[1] Ks. sanastoa.
[2] Ks. sanastoa.

"Kun todellinen joogi suorittaa teon, se on karmisesti kuin veteen kirjoittamista. Siitä ei jää mitään jälkeä."[1]

. . .

Opiskelijan oli vaikea käsittää, että Jumala asustaa ihmiskehossa. Mestari sanoi:

"Vastaavasti kuin punahehkuiset hiilet osoittavat tulen läsnäolon, kehon ihmeellinen mekanismi ilmaisee Hengen perustavan läsnäolon."

. . .

"Jotkut luulevat, että ellei Jumalan palvoja kärsi suuria koettelemuksia, hän ei ole pyhimys. Jotkut toiset taas väittävät, että Jumalan itsessään toteuttaneiden täytyy olla vapaita kaikesta kärsimyksestä", Mestari sanoi luennollaan.

"Jokaisen mestarin elämä seuraa omaa näkymätöntä kaavaansa. Pyhä Franciscus kärsi sairauksista; täysin vapautunut Kristus salli ristiinnaulita itsensä. Eräät suuret henget, kuten pyhä Tuomas Akvinolainen ja Lahiri Mahasaya[2], elävät elämänsä ilman raskaita taakkoja tai tragedioita.

"Pyhimykset saavuttavat lopullisen pelastuksen varsin erilaisista taustoista käsin. Todelliset pyhimykset osoittavat, että he pystyvät heijastamaan sitä Jumalan kuvaa, joka on heidän sisällään ulkoisista olosuhteista riippumatta. He näyttelevät mitä roolia tahansa Jumala tahtoo heidän näyttelevän – sopeutuupa tuo rooli sitten yleiseen mielipiteeseen tai ei."

---

[1] Eli mitään ei kirjoitu karmiseen muistiin. Vain mestari on vapaa; häntä ei sido karma, vääjäämätön kosminen laki, joka pitää valaistumattomat ihmiset vastuussa ajatuksistaan ja teoistaan. Herra Krishna vakuutti Arjunalle kehottaessaan tätä kamppailemaan taistelukentällä, että taistelusta ei jäisi Arjunalle karmaa, jos tämä taistelisi Jumalan asialla ilman egoon sidottua tajuntaa.

[2] Ks. sanastoa.

• • •

Nuori luostariasukki hullutteli mielellään. Hänestä elämä oli jatkuvaa komediaa. Hänen ilonpitonsa – vaikkakin oli ajoittain tervetullutta – esti muita palvojia keskittymästä rauhassa Jumalaan. Eräänä päivänä Paramahansaji moitti poikaa lempeästi:

"Sinun tulisi oppia olemaan vakavampi", hän huomautti.

"Aivan niin, Mestari", oppilas vastasi katuen vilpittömästi levottomuuttaan. "Mutta tottumukseni on perin voimakas! Kuinka pystyn muuttumaan ilman siunaustanne?"

Guru vakuutti hänelle juhlallisesti:

"Minun siunaukseni sinulla on. Jumalan siunaus sinulla on. Tarvitaan vain sinun siunauksesi!"

• • •

"Jumala ymmärtää sinua, kun kukaan muu ei ymmärrä sinua", Mestari sanoi. "Hän on Rakastaja, joka hellii sinua aina, olivatpa virheesi minkälaisia vain. Muut antavat suosionsa hetkeksi ja sitten hylkäävät sinut, mutta Hän ei jätä sinua koskaan.

"Lukemattomin tavoin Jumala etsii päivittäin rakkauttasi. Hän ei rankaise sinua, jos torjut Hänet, mutta sinä rankaiset itse itseäsi. Joudut huomaamaan, että 'hän, joka pettää Minut, tulee kaiken pettämäksi'." [1]

• • •

"Sir, hyväksyttekö kirkolliset seremoniat?" opiskelija kysyi. Mestari vastasi:

"Uskonnolliset menot voivat auttaa ihmistä ajattelemaan Jumalaa, Ääretöntä Luojaansa. Mutta jos rituaaleja on liian

[1] Francis Thompson: *The Hound of Heaven.*

paljon, jokainen unohtaa, mistä niissä lopultakin on kyse."

• • •

"Mitä Jumala on?" opiskelija kysyi.

"Jumala on Ikuinen Autuus. Hänen olemuksensa on rakkaus, viisaus ja ilo. Hän on sekä persoonaton että persoona ja ilmaisee itsensä millä tavalla vain tahtookin. Hän ilmestyy pyhimyksille muodossa, jota kukin pitää rakkaimpana: kristitty näkee Kristuksen, hindu Krishnan[1] tai Jumalallisen Äidin[2] ja niin edelleen. Palvojat, joille Jumala on persoonaton, kokevat Herran äärettömänä Valona tai ihmeellisenä *Aum*-äänenä, Alkusanana, Pyhänä Henkenä. Korkein ihmiselle mahdollinen kokemus on elää Autuus, johon sisältyvät täydellisesti kaikki muut jumaluuden puolet: rakkaus, viisaus, kuolemattomuus.

"Mutta kuinka voisin välittää teille sanoin Jumalan olemuksen? Hän on ilmaisematon, sanoin kuvaamaton. Vain syvässä meditaatiossa voitte tuntea Hänen ainutlaatuisen olemuksensa."

• • •

Keskusteltuaan itsekeskeisen vierailijan kanssa Mestari huomautti:

"Jumalan armon sateet eivät voi keräytyä ylpeyden vuorenhuipuille, mutta valuvat helposti nöyryyden laaksoihin."

• • •

Aina kun Mestari tapasi erään oppilaan, joka oli eittämättömän älyllinen, hän sanoi:

---

[1] Ks. sanastoa.
[2] Ks. sanastoa.

"Opi antaumusta! Muista Jeesuksen sanat: 'Isä, olet salannut tämän viisailta ja ymmärtäväisiltä mutta ilmoittanut sen lapsenmielisille.'"[1]

Kyseinen oppilas vieraili Mestarin luona tämän aavikkoluostarissa vähän ennen vuoden 1951 joulua. Pöydällä oli lahjoiksi tarkoitettuja leluja. Paramahansaji leikki niillä hetken lapsenkaltaisella innolla, ja kysyi sitten nuorelta mieheltä: "Mitä pidät näistä?"

Oppilas yritti yhä toipua hämmästyksestään, mutta vastasi nauraen: "Ne ovat hienoja, sir." Mestari hymyili ja lausui:

"Sallikaa lasten tulla minun luokseni, sillä heidän kaltaistensa on Jumalan valtakunta."[2]

. . .

Opiskelija epäili kestävyyttään hengellisellä tiellä. Rohkaistakseen häntä Paramahansaji sanoi:

"Herra ei ole etäinen vaan läheinen. Näen Hänet kaikkialla."

"Mutta sir, te olettekin mestari!" mies sanoi vastustellen.

"Kaikki sielut ovat tasa-arvoisia", Guru vastasi. "Ainoa ero sinun ja minun välillä on, että minä ponnistelin. Osoitin Jumalalle rakastavani Häntä, ja Hän saapui minuun. Rakkaus on magneetti, jota pakoon Jumala ei pääse."

. . .

"Miksi painotatte erityisesti kristinuskoa, vaikka nimitätte temppeliänne Hollywoodissa 'kaikkien uskontojen kirkoksi'?" vierailija kysyi.

"Teen niin Babajin[3] tahdosta", Mestari sanoi. "Hän pyysi minua tulkitsemaan kristillistä Raamattua ja hindujen

---

[1] Matt. 11:25
[2] Luuk. 18:16.
[3] Ks. sanastoa.

Raamattua [*Bhagavadgitaa*], niin että kristillisten kirjoitusten ja *veda*-kirjojen[1] perusyhtäläisyys kävisi ilmi. Hän lähetti minut länteen täyttämään tätä tehtävää."

• • •

"Syntiä on se, mikä saa ihmisen unohtamaan Jumalan", Mestari sanoi.

• • •

"Mestari, kuinka Jeesus pystyi muuttamaan veden viiniksi?" oppilas kysyi. Sri Yogananda vastasi: "Maailmankaikkeus on seurausta valon leikistä, elämänenergian värähtelyistä. Luomakunnan elokuvat heijastuvat ja tulevat näkyviksi valon säteiden välityksellä, kuten elokuvakankaan tapahtumat. Kristus näki maailmankaikkeuden olemuksen valona. Hänen silmilleen ei ollut olennaista eroa niiden valonsäteiden välillä, jotka muodostavat veden, ja niiden, jotka muodostavat viinin. Samoin kuin Jumala luomisen alussa[2], Jeesus pystyi määräämään elämänenergian värähtelyä, niin että se omaksui erilaisia muotoja.

"Kaikki ne, jotka ylittävät suhteellisuuden ja kaksinaisuuden harhamaailmat, astuvat Ykseyden todelliseen valtakuntaan. He tulevat yhdeksi Kaikkivaltiaan kanssa, aivan kuten Kristus sanoi: "Joka uskoo minuun [joka kokee Kristus-tietoisuuden], myös hän on tekevä niitä tekoja, joita minä teen, ja suurempiakin kuin ne ovat, hän on tekevä; sillä minä menen Isän tykö' [sillä minä palaan pian Korkeimpaan Värähtelemättömään Absoluuttiin luomakunnan taakse, ilmiöiden taakse]."[3]

• • •

[1] Ks. sanastoa: vedat.
[2] "Jumala sanoi: 'Tulkoon valo!' Ja valo tuli." (1. Moos. 1:3.)
[3] Joh. 14:12. Ks. sanastoa: Sat-Tat-Aum.

"Ettekö usko avioliittoon, Mestari?" opiskelija kysyi. "Te puhutte usein ikään kuin olisitte sitä vastaan." Paramahansaji vastasi:

"Avioliitto on tarpeeton ja kahlehtiva niille, jotka ovat sydämeltään maailmasta luopujia ja jotka etsivät intensiivisesti Jumalaa, Ikuista Rakastajaa. Mutta tavallisissa tapauksissa en ole todellista avioliittoa vastaan. Kaksi ihmistä, jotka yhdistävät elämänsä auttaakseen toinen toistaan kohti jumalallista oivaltamista, rakentavat avioliittonsa oikealle perustalle: ystävyyteen vailla ehtoja. Nainen ohjautuu pääasiassa tunteen mukaan ja mies järjen; avioliiton on tarkoitus tasapainottaa näitä ominaisuuksia.

"Tänä päivänä ei ole paljon todellisia sielun liittoja, sillä nuoret saavat vain vähän hengellistä opastusta. Emotionaalisesti kypsymättöminä ja epävakaina heihin yleensä vaikuttaa häilähtelevä sukupuolinen viehtymys tai sellaiset maalliset näkökohdat, jotka jättävät syrjään avioliiton jalon tarkoituksen." Hän lisäsi: "Sanon usein: 'Vakiinnuta ensin elämäsi peruuttamattomasti hengelliselle tielle; jos sitten menet naimisiin, et tee virhettä!'"

. . .

"Eikö Herra suokin armoaan runsaammin toisille kuin joillekin muille?" opiskelija kysyi. Paramahansaji vastasi:
"Jumala valitsee ne, jotka valitsevat Hänet."

. . .

Kahdella naisella oli tapana jättää autonsa lukitsematta pysäköityään sen. Mestari sanoi heille: "Huolehtikaa asianmukaisesta varokeinosta. Lukitkaa autonne."
"Missä on uskonne Jumalaan?" he huudahtivat.
"Minulla on uskoa", Paramanhasaji vastasi. "Se ei merkitse huolimattomuutta."

Mutta he antoivat autonsa olla edelleen lukitsematta. Eräänä päivänä, kun he olivat jättäneet useita arvoesineitä autonsa takaistuimelle, varkaat veivät ne.

"Miksi odottaisitte, että Jumala suojelisi teitä, jos te ette välitä Hänen järjen ja varovaisuuden laeistaan?" Mestari sanoi. "Uskokaa, mutta olkaa käytännöllisiä älkääkä johtako toisia kiusaukseen."

· · ·

Jotkut oppilaat laiminlöivät meditaation[1] toiminnan pyörteen imaisemina. Mestari varoitti heitä:

"Älkää sanoko: 'Huomenna meditoin pitempään.' Huomaatte kohta, että vuosi on kulunut ettekä ole toteuttaneet hyviä aikeitanne. Sanokaa sen sijaan: 'Tämä voi odottaa ja tuo voi odottaa, mutta Jumalan etsintäni ei voi odottaa.'"

· · ·

"Sir", oppilas sanoi, "miksi jotkut mestarit tuntuvat tietävän enemmän kuin jotkut toiset?"

"Kaikki ne, jotka ovat täysin vapautuneita, ovat yhtäläisiä viisaudessa", Paramahansaji vastasi. "He ymmärtävät kaiken mutta vain harvoin ilmaisevat tietämyksensä. Tehdäkseen Jumalalle mieliksi he esittävät roolia, jonka Hän on heille antanut. Jos he näyttävät tekevän virheitä, tuollainen käytös on osa heidän inhimillistä rooliaan. Sisäisesti *mayan* vastakohtaisuudet eivät vaikuta heihin."

· · ·

"Minun on vaikea pitää solmimiani ystävyyssuhteita",

---

[1] Ks. sanastoa: kriya-jooga.

opiskelija tunnusti.

"Valitse seurasi huolellisesti", Paramahansaji sanoi. "Ole sydämellinen ja vilpitön, mutta säilytä aina hieman etäisyyttä ja kunnioitusta. Älä koskaan ole liian tuttavallinen ihmisten kanssa. On helppo saada ystäviä, mutta ystävien säilyttämiseksi sinun pitäisi seurata tätä ohjetta."

• • •

"Mestari", opiskelija sanoi, "voiko sielu joutua ikuisesti kadotetuksi?" Guru vastasi:

"Se on mahdotonta. Jokainen sielu on osa Jumalaa ja sen takia tuhoutumaton."

• • •

"Palvojalle, joka on valinnut oikean tien, hengellinen kypsyminen on yhtä luonnollista ja huomaamatonta hänelle itselleen kuin hänen hengityksensä", Mestari sanoi. "Kun ihminen antaa sydämensä Jumalalle, hän sulautuu Häneen niin syvästi, että tuskin huomaakaan ratkaisseensa kaikki elämän arvoitukset. Muut alkavat kutsua häntä guruksi. Hämmästyneenä hän ajattelee:

"'Mitä! Onko tästä syntisestä tullut pyhimys? Herra, olkoon Sinun kuvasi niin kirkas kasvoillani, ettei kukaan näe *minua* vaan ainoastaan *Sinut*.'"

• • •

Muuan opiskelija tutkisteli itseään jatkuvasti nähdäkseen merkkejä hengellisestä etenemisestä. Mestari sanoi hänelle:

"Jos kylvät siemenen ja kaivat sen päivittäin ylös nähdäksesi kasvaako se, se ei ikinä juurru. Hoida sitä kunnolla, mutta älä ole utelias."

. . .

"Kuinka omalaatuinen ihminen G – – onkaan!" Useat oppilaat keskustelivat ihmisten erikoisuuksista. Mestari sanoi: "Miksi hämmästellä? Tämä maailmahan on Jumalan eläintarha."

. . .

"Eikö tunteiden hallintaa koskeva opetuksenne ole vaarallista?" opiskelija kysyi. "Monet psykologit väittävät, että torjunta johtaa mielen häiriintymiseen ja jopa psyykkiseen sairauteen."

Mestari vastasi:

"Torjunta on vahingollista: haluat jotain, mutta et tee mitään rakentavaa saavuttaaksesi sen. Itsensä hallitseminen on hyväksi: vaihdat kärsivällisesti väärät ajatuksesi oikeiksi ja korvaat haitallisen käyttäytymisen hyödyllisellä.

"Ne, jotka antavat elämässään sijaa pahuudelle, vahingoittavat itseään. Ne, jotka täyttävät mielensä viisaudella ja elämänsä rakentavalla toiminnalla, säästävät itseään katalalta kärsimykseltä."

. . .

"Jumala koettelee meitä kaikin tavoin", Mestari sanoi. "Hän paljastaa heikkoutemme, että tulisimme niistä tietoisiksi ja muuttaisimme ne voimaksi. Hän voi lähettää meille koettelemuksia, jotka tuntuvat sietämättömiltä. Joskus saattaa näyttää siltä, että Hän melkeinpä työntää meitä pois. Mutta viisas palvoja sanoo:

"'Ei Herra, tahdon Sinut. Mikään ei saa minua luopumaan etsinnästäni. Harras rukoukseni on: Älä koskaan saata minua siihen koettelemukseen, että unohtaisin Sinun läsnäolosi.'"

Paramahansa Yogananda epämuodollisessa Self-Realization Fellowshipin ystävien ja jäsenten kokoontumisessa Beverly Hillsissä, Kaliforniassa 1949.

. . .

"Sir, jätänkö joskus hengellisen tien?" epäilyjen vaivaama oppilas kysyi. Mestari vastasi:
"Kuinka voisit? Jokainen maailmassa on hengellisellä tiellä."

. . .

"Sir, suokaa minulle antaumuksen siunaus", oppilas pyysi anovasti.
"Tosiasiassa sanot: 'Anna minulle rahaa, niin että voin ostaa mitä tahdon'", Mestari vastasi. "Mutta minä sanon: 'Ei, ensin raha täytyy *ansaita*. Sen jälkeen saat oikeutetusti nauttia siitä, mitä ostat."

. . .

Rohkaistakseen lannistunutta opiskelijaa Mestari kertoi tämän kokemuksen:
"Eränä päivänä näin suuren hiekkakasan, jolla ryömi pienen pieni muurahainen. Sanoin: 'Muurahaisesta täytyy tuntua, että se on kiipeämässä Himalajan vuorille!' Muurahaisesta kasa saattoi näyttää jättimäiseltä, mutta ei minusta. Samoin miljoona aurinkovuottamme on ehkä vähemmän kuin minuutti Jumalan mielestä. Meidän täytyy totutella ajattelemaan valtavin mittasuhtein: Ikuisuus! Äärettömyys!"

. . .

Yoganandaji ja oppilasryhmä suorittivat iltaharjoituksiaan Encinitasin luostarin pihalla. Nuori mies kysyi eräästä pyhimyksestä, jonka nimeä hän ei tiennyt.
"Sir", hän sanoi, "se oli se mestari, joka ilmestyi teille täällä jokunen kuukausi sitten."

"En muista", Paramahansaji vastasi.

"Se tapahtui ulkona puutarhan takaosassa, sir."

"Monet käyvät siellä luonani; näen joitakin, jotka ovat jo siirtyneet maallisesta elämästä pois, ja joitakin, jotka ovat yhä maan päällä."

"Kuinka ihmeellistä, sir!"

"Missä tahansa Jumalan palvoja on, sinne Hänen pyhimyksensä tulevat." Guru piti parin minuutin tauon tehdessään muutaman harjoituksen. Sitten hän sanoi:

"Eilen meditoidessani huoneessani tahdoin saada tietoa eräästä menneiden aikojen suuresta mestarista. Hän materialisoitui eteeni. Istuimme vuoteellani pitkän tovin, vieri vieressä, pidellen toisiamme käsistä."

"Sir, kertoiko hän teille elämästään?"

"No", Paramahansaji vastasi, "värähtelyjen vuorovaikutuksessa se välittyi minulle kokonaisuudessaan."

• • •

Varoittaakseen Self-Realization-sääntökunnan [1] jäseniä hengellisestä itsetyytyväisyydestä Mestari kertoi heille:

"Kun ihminen saavuttaa *nirbikalpa samadhin* [2] hän ei enää koskaan joudu harhan valtaan. Mutta niin kauan kuin hän ei ole yltänyt tuohon tilaan, hän ei ole turvassa.

"Kuuluisan hindumestarin oppilas oli niin suuri sielu, että hänen gurullaan oli tapana asettaa hänet kaikille seurattavaksi esimerkiksi. Eräänä päivänä oppilas mainitsi, että hän auttoi hurskasta naista meditoimalla tämän kanssa.

"Guru sanoi hiljaa: 'Sadhu [3], ole varovainen!'

"Muutaman viikon kuluttua huonon karman [4] siemenet

[1] Ks. sanastoa.
[2] Ks. sanastoa.
[3] Ks. sanastoa.
[4] Ks. sanastoa.

versoivat oppilaan elämässä: hän karkasi naisen kanssa. Pian hän kuitenkin palasi gurunsa luokse ja itki: 'Olen pahoillani.' Hän ei antanut erehdyksensä muodostua elämänsä keskipisteeksi, vaan jätti mielestään kaikki virheensä ja kaksinkertaisti pyrkimyksensä saavuttaakseen täydellisen Itse-oivalluksen.

"Tästä kertomuksesta opitte, että jalonkin palvojan on mahdollista vajota hetkellisesti harhaan. Älä koskaan luovu valppaudestasi ennen kuin olet vakiinnuttanut Lopullisen Autuuden."

• • •

"Aineellista todellisuutta koskeva tiede on teoreettisempaa kuin todellinen uskonto", Mestari sanoi. "Tiede voi tutkia esimerkiksi ulkoista luontoa ja atomin käyttäytymistä. Mutta meditaation harjoittaminen tuottaa kaikkiallisen läsnäolevuuden; joogi voi tulla yhdeksi atomin kanssa."

• • •

Eräs vaatelias oppilas saapui usein odottamatta Mount Washingtonin keskukseen [1] ja soitti Mestarille tiheään tahtiin vastaanottajan laskuun. "Hän on erikoinen ihminen", Paramahansaji huomautti kerran. "Mutta hänen sydämensä on kiinnittynyt Herraan. Virheistään huolimatta hän saavuttaa tavoitteensa, koska hän ei jätä Jumalaa rauhaan ennen kuin on löytänyt Hänet."

• • •

Kun Mestari saapui Amerikkaan, hän käytti intialaista pukua ja hänen tukkansa oli niin pitkä, että se ylettyi olkapäille. Muuan henkilö, joka oli viehtynyt tästä itselleen oudosta

---

[1] Self-Realization Fellowshipin päämaja Los Angelesissa, Kaliforniassa. Ks. sanastoa.

näystä, kysyi: "Oletteko ennustaja, joka kertoo ihmisille heidän kohtalonsa?"

"En ole, minä kerron ihmisille, kuinka he voivat parantaa kohtaloaan."

. . .

Eräänä päivänä Mestari kertoi oppilailleen pyhimyksestä, joka lankesi korkeimmalta tieltä ihmevoimiensa julkisen esittelyn takia. "Hän tajusi pian virheensä", Paramahansaji sanoi, "ja palasi takaisin oppilaidensa luo. Elämänsä lopulla hän oli täysin vapautunut sielu."

"Sir, kuinka hän nousi uudestaan noin nopeasti?" eräs kuulijoista kysyi. "Eikö karminen rangaistus kohtaa ankarampana sellaista, joka lankeaa korkealta edistystasolta kuin tavallista ihmistä, joka toimii väärin pelkkää tietämättömyyttään? Tuntuu oudolta, ettei tuon intialaisen pyhimyksen tarvinnut odottaa pitkään lopullista vapautumistaan."

Mestari pudisti hymyillen päätään. "Jumala ei ole mikään tyranni", hän sanoi. "Jos mies oli tottunut syömään ambrosiaa, hän oli onneton joutuessaan tyytymään vanhentuneeseen juustoon. Jos hän murtuneena itki uudestaan ambrosiaa, Jumala ei torjunut häntä."

. . .

Eräs ystävä piti sopimattomana, että Self-Realization Fellowship käytti mainoksia. Mestari sanoi:

"Wrigley mainostaa saadakseen ihmiset pureskelemaan purukumia. Miksen minä saisi käyttää mainoksia innostaakseni ihmisiä 'pureskelemaan' hyviä ajatuksia?"

. . .

Puhuessaan siitä, kuinka nopeasti Jumalan armo voi vapauttaa meidät *mayan* harhoista, Mestari sanoi:
"Tässä maailmassa me olemme kuin uponneina vaivojen mereen. Sitten Jumalallinen Äiti tulee ravistelemaan meitä herättäen meidät tästä kauheasta unesta. Jokainen kohtaa ennemmin tai myöhemmin tämän vapauttavan kokemuksen."

. . .

Oppilas epäröi luostarielämän ja kaipaamansa uran välillä. Mestari sanoi lempeästi:
"Kaikki kaipaamasi tyydytys – ja paljon muutakin – odottaa sinua Jumalassa."

. . .

Opiskelijalle, joka näytti olevan toivottoman juuttunut vääriin tapoihin, Mestari ehdotti:
"Jos sinulta puuttuu tahdonvoimaa, yritä kehittää 'en tahdo' -voimaa."

. . .

"Minkä vastuun sitä ottaakaan, kun yrittää kehittää ihmisiä parempaan suuntaan!" Mestari huudahti. "Maljakossa ruusu näyttää kauniilta, ja sitä unohtaa kaiken sen puutarhatyön, jonka avulla siitä tuli kaunis. Jos täytyy nähdä vaivaa tuottaakseen ihanan ruusun, kuinka paljon enemmän ponnistuksia vaaditaankaan täydellisen ihmisen tuottamiseen!"

. . .

"Älä seurustele toisten kanssa liian läheisesti", Mestari sanoi. "Ystävyyssuhteet eivät tyydytä meitä, elleivät niiden juuret

ole molemmin puolin Jumalan rakastamisessa.
"Inhimillinen toiveemme saada rakastavaa ymmärtämystä toisilta on todellisuudessa sielun kaipuuta Jumalan yhteyteen. Mitä enemmän yritämme tyydyttää tuota kaipuuta ulkoapäin, sitä vaikeammaksi Jumala-Ystävän löytäminen käy."

• • •

"On olemassa kolmenlaisia palvojia", Mestari sanoi. "Uskovia, jotka käyvät kirkossa ja tyytyvät siihen; uskovia, jotka elävät oikeamielistä elämää mutta eivät ponnistele saavuttaakseen Jumala-yhteyden; sekä uskovia, jotka ovat *päättäneet* löytää todellisen Itsensä."

• • •

Kun Mestaria pyydettiin määrittelemään Itse-oivallus, hän vastasi:
"Itse-oivallus on sen kokemista – kehossa, mielessä ja sielussa – että olemme yhtä kaikkiallisen Jumalan kanssa; että meidän ei tarvitse enää rukoilla sitä; että emme ole vain sen lähellä kaiken aikaa vaan että Jumalan kaikkiallisuus on meidän kaikkiallisuuttamme; että olemme juuri niin suuressa määrin osa Häntä kuin tulemme koskaan olemaan. Vain tätä kokemista meidän tulee lisätä."

• • •

"Jumala tyydyttää nopeasti palvojiensa tarpeet, koska he ovat hävittäneet egon ehkäisevät vastavirrat", Mestari sanoi.
"Mount Washingtonin keskuksen alkuaikoina lainan kuoletusmaksu erääntyi, mutta meillä ei ollut rahaa pankissa. Rukoilin hyvin syvästi kertoen Herralle: 'Järjestön hyvinvointi on Sinun käsissäsi.' Jumalallinen Äiti ilmestyi minulle. Hän

sanoi englanniksi:

"'Minä olen sinun varasi ja vakuutesi. Minä olen sinun turvasi.'

"Muutaman päivän kuluttua sain postitse suuren keskukselle osoitetun lahjoituksen."

· · ·

Eräs oppilas oli luotettava ja ripeä suorittaessaan Mestarin hänelle antamia tehtäviä, mutta muita hän ei auttanut. Ojentaakseen häntä Mestari sanoi:

"Sinun tulisi palvella toisia samoin kuin minua. Muista, Jumala asuu jokaisessa. Älä jätä käyttämättä yhtään tilaisuutta Hänen miellyttämisekseen."

· · ·

"Kuolema opettaa, että emme saa kiinnittää luottamustamme ihmiskehoon vaan Jumalaan. Tämän takia Kuolema on ystävä", Mestari sanoi. "Meidän ei tule murehtia liikaa rakkaittemme poissiirtymistä. On itsekästä toivoa, että he pysyisivät aina lähellämme ilahduttamassa ja lohduttamassa meitä. Iloitkaa pikemminkin siitä, että heidät on kutsuttu astraalitason [1] parempaan maailmaan etenemään siellä kohti sielun vapautusta.

"Eron suru saa useimmat itkemään hetken aikaa; sitten he unohtavat. Mutta viisaat johtuvat etsimään kadonneita rakkaitaan Ikuisen sydämestä. Sen, mitä palvojat menettävät äärellisessä elämässä, he löytävät jälleen Äärettömässä."

· · ·

[1] Ks. sanastoa: astraalimaailmat.

"Mikä on paras rukous?" oppilas kyysi. Mestari vastasi: "Sano Herralle: 'Ole hyvä, ja ilmaise minulle Sinun tahtosi.' Älä sano: 'Minä tahdon tätä ja minä tahdon tuota.' Usko, että Hän tietää mitä sinä tarvitset. Olet huomaava, että saat paljon parempaa, kun Hän tekee valinnat."

. . .

Mestari pyysi usein oppilaita huolehtimaan erilaisista pienistä asioista. Kun eräs heistä laiminlöi tuollaisen pienen tehtävän pitäen sitä mitättömänä, Paramahansaji nuhteli häntä lempeästi. Hän sanoi:

"Luotettavuus pienten velvollisuuksien täyttämisessä antaa meille voimaa niiden vaikeiden päätösten toteuttamiseen, joita elämä joskus pakottaa meidät tekemään."

. . .

Sri Yukteswarin sanontaa [1] soveltaen Mestari selitti uudelle oppilaalle:

"Jotkut luulevat, että luostariin astuminen itsekasvatuksen vuoksi on yhtäläinen syy murheeseen kuin hautajaiset. Mutta se saattaakin merkitä kaikkien murheiden hautajaisia!"

. . .

"On järjetöntä odottaa löytävänsä todellista onnellisuutta maallisista kiintymyksistä ja omistuksista, sillä ne eivät pysty sitä antamaan", Mestari sanoi. "Kuitenkin miljoonat ihmiset kuolevat murtunein sydämin yritettyään turhaan löytää maallisesta elämästä sitä tyydytystä, joka on yksin Jumalassa, kaiken ilon Lähteessä."

[1] Esitetty *Joogin omaelämäkerran* luvussa 12.

• • •

Selittäessään, miksi vain harvat ymmärtävät Ääretöntä Jumalaa, Mestari sanoi:

"Kuten pieni kuppi ei voi ottaa vastaan valtameren suunnattomia vesiä, ei rajoittunut ihmismielikään voi sisältää universaalia Kristus-tietoisuutta. Mutta kun ihminen jatkuvasti meditaation avulla laajentaa tajuntaansa, hän saavuttaa vihdoin kaikkitietävyyden. Hän yhtyy Jumalalliseen Älyyn, joka läpäisee luomakunnan atomit.

"Pyhä Johannes sanoi: 'Mutta kaikille, jotka ottivat Hänet vastaan, Hän antoi oikeuden tulla Jumalan pojiksi, kaikille, jotka uskovat Hänen nimeensä.'[1] Pyhä Johannes tarkoitti 'kaikilla, jotka ottivat Hänet vastaan' niitä, jotka ovat täydellistäneet kykynsä olla vastaanottavainen Äärettömälle. Vain he tulevat jälleen 'Jumalan pojiksi'. He 'uskovat Hänen nimeensä' saavuttaessaan ykseyden Kristus-tietoisuuden kanssa."

• • •

Opiskelija, joka oli kerran asunut luostarissa, palasi eräänä päivänä ja sanoi surullisena Mestarille:

"Miksi ihmeessä lähdinkään pois?"

"Eikö tämä ole paratiisi verrattuna ulkopuoliseen maailmaan?" Paramahansaji kysyi.

"Sitä tämä tosiaan on!" nuori mies vastasi ja nyyhkytti niin pitkään, että myötätunnosta häntä kohtaan Mestarikin itki.

• • •

Self-Realization-luostarikunnan sisar valitti rakkauden puutettaan. "Tahdon kyllä oppia tuntemaan Jumalan", hän

---

[1] Joh. 1:12.

sanoi, "mutta en pysty kokemaan rakkautta Häntä kohtaan. Mitä sellaisen ihmisen pitäisi tehdä, joka minun laillani käy läpi 'kuivaa' vaihetta?"

"Sinun ei tulisi keskittyä ajatukseen, että sinulta puuttuu rakkautta, vaan sinun täytyisi toimia kehittääksesi sitä", Mestari sanoi. "Miksi olisit masentunut, vaikka Jumala ei olekaan ilmaissut itseään sinulle? Ajattele, kuinka kauan sinä olet laiminlyönyt Häntä!

"Meditoi enemmän, mene syvälle, ja seuraa luostarin sääntöjä. Muuttamalla tapojasi herätät sydämessäsi muiston Hänen ihmeellisestä Olemuksestaan; ja kun tunnet Hänet, rakastat Häntä vääjäämättä."

. . .

Eräänä sunnuntaina Mestari vieraili kirkossa, jonka kuoro lauloi erityisesti hänelle. Jumalanpalveluksen jälkeen kuoron johtaja ja kuorolaiset kysyivät Paramahansajilta:

"Nautitteko laulusta?"

"Kyllä se oli hyvää", Sri Yogananda sanoi vailla innostusta.

"Voi! Ette siis todella pitänytkään siitä?" he kysyivät.

"En sanoisi noin."

Kun Mestarilta tivattiin selitystä, hän vihdoin sanoi: "Sikäli kuin tekniikasta oli kyse, laulu oli täydellistä, mutta ette tajunneet kenelle lauloitte. Pyritte vain miellyttämään minua ja muuta yleisöä. Laulakaa ensi kerralla Jumalalle, älkää ihmisille."

. . .

Oppilaat keskustelivat ihmetellen niistä kärsimyksistä, joita historian marttyyripyhimykset olivat iloisesti kestäneet. Mestari sanoi:

"Kehon kohtalo on täysin yhdentekevä ihmiselle, joka on toteuttanut Jumalan itsessään. Fyysinen olomuoto on kuin lautanen, jota palvoja käyttää syödessään elämän viisausateriaa. Kun hänen nälkänsä on ikuisiksi ajoiksi tyydytetty, mitä arvoa lautasella enää olisi? Se voi rikkoutua, mutta palvoja tuskin huomaa sitä. Hän on uppoutunut Herraan."

. . .

Pitkinä kesäiltoina Mestari syventyi usein hengellisiin keskusteluihin oppilaiden kanssa Encinitasin luostarin kuistilla. Eräänä iltana puhe kääntyi ihmeisiin, ja Mestari sanoi:

"Useimmat ovat kiinnostuneita ihmeistä ja toivovat näkevänsä niitä. Mutta mestarillani Sri Yukteswarilla, joka pystyi hallitsemaan kaikkia luonnonvoimia, oli hyvin ankarat näkemykset tästä asiasta. Juuri ennen kuin lähdin Intiasta opettaakseni Amerikassa hän sanoi minulle: "Herätä ihmisissä Jumalan rakkautta. Älä vedä heitä puoleesi esittelemällä poikkeuksellisia kykyjä.'

"Jos kävelisin tulen ja veden päällä ja saisin maan jokaisen kokoushallin täyteen ihmeiden etsijöitä, mitä hyvää siinä olisi? Katso tähtiä, pilviä ja merta; katso kastetta ruohikolla. Voiko mitään ihmisen tuottamaa ihmettä verrata näihin olennaisesti selittämättömiin ilmiöihin? Tästä huolimatta vain harvat johtuvat luonnon innostamina rakastamaan Jumalaa – kaikkien ihmeiden Ihmettä."

. . .

Eräälle oppilasryhmälle, johon kuului nuoria vitkastelijoita, Mestari sanoi:

"Teidän pitäisi luoda elämäänne järjestystä. Jumala loi säännönmukaista järjestystä: aurinko paistaa iltahämärään saakka, ja tähdet loistavat aamun koittoon asti."

. . .

Mestari meditoi Intian matkansa aikana vuonna 1935 Dihikassa lähellä perustamansa poikakoulun ensimmäistä sijaintipaikkaa. Koulu siirrettiin 1918 Ranchiin, jossa se edelleen kukoistaa.

"Eikö pyhimysten viisaus johdukin siitä, että he ovat saaneet Jumalalta erityisen suosionosoituksen?" vierailija kysyi.

"Ei johdu", Mestari vastasi. "Vaikka joillakin ihmisillä on vähemmän jumalallista viisautta kuin pyhimyksillä, tämä ei johdu siitä, että Jumala olisi rajoittanut armonsa virtaa. Syynä on se, että useimmat estävät Hänen alati läsnä olevaa valoaan kulkemasta vapaasti lävitseen. Kaikki Hänen lapsensa voivat yhtälailla heijastaa Hänen kaikkitietävyytensä säteitä, kunhan poistavat itsekkyyden tumman peiteverhon."

• • •

Vierailija puhui halveksivasti Intian niin sanotusta kuvien palvonnasta. Mestari lausui hiljaa:

"Jos ihminen istuu kirkossa hiljaa silmät kiinni ja antaa ajatustensa askarrella maallisten asioiden – materialismin epäjumalankuvien – parissa, Jumala tietää, että Häntä ei palvota.

"Jos ihminen kumartaa kivikuvaa ja näkee sen kaikkiallisen elävän Hengen symbolina ja muistuttajana, Jumala hyväksyy hänen palvontansa."

• • •

"Lähden vuorille ollakseni yksin Jumalan kanssa", opiskelija selitti Mestarille.

"Sillä tavalla et etene hengellisesti", Paramahansaji vastasi. "Mielesi ei ole vielä valmis keskittymään Henkeen syvällisellä tavalla. Vaikka pysyisitkin luolassa, ajatuksesi askartelisivat enimmäkseen muistoissa, joita sinulla on ihmisistä ja maailmallisista ajanvietteistä. Paremman tien tarjoaa se, että täytät iloisesti maalliset velvollisuutesi ja meditoit päivittäin."

• • •

Kehuttuaan oppilasta Mestari sanoi:
"Kun sinulle kerrotaan, että olet hyvä, et saisi ryhtyä lepää-
mään, vaan sinun pitäisi pyrkiä tulemaan vielä paremmaksi.
Jatkuva edistymisesi tuottaa onnellisuutta sinulle itsellesi, lä-
heisillesi ja Jumalalle."

• • •

"Luopuminen ei ole kielteistä vaan myönteistä. Siinä ei
luovuta muusta kuin kurjuudesta", Mestari sanoi.
"Luopumista ei tulisi pitää uhrautumisen tienä.
Pikemminkin se on taivaallinen sijoitus, jolla muutamat itse-
kurin lantit tuottavat miljoonia hengellisyyden seteleitä. Eikö
olekin viisasta käyttää ohivirtaavien päiviemme kultakolikoita
Ikuisuuden ostamiseen?"

• • •

Katsoessaan eräänä sunnuntaina kukkien paljoutta, joka
koristi temppeliä, Mestari sanoi:
"Koska Jumala on Kauneus, Hän loi kukkien ihanuuden,
jotta ne voisivat kertoa Hänestä. Kukat vihjaavat Hänen läsnä-
olostaan selvemmin kuin mikään muu luonnossa. Hänen lois-
tavat kasvonsa kurkistavat liljojen ja lemmikkien ikkunoista.
Ruusujen tuoksussa Hän tuntuu sanovan: 'Etsi Minua.' Tämä
on Hänen puhetapansa; muutoin Hän pysyy hiljaa. Hän näyt-
tää käsiensä jäljen luomakunnan kauneudessa, mutta ei paljas-
ta, että Hän itse on kätkeytynyt siihen."

• • •

Kaksi luostarissa elävää oppilasta pyysi Mestarilta lu-
paa matkaa varten. He halusivat vierailla ystäviensä luona.
Paramahansaji vastasi:

"Luostarielämän alussa ei ole hyväksi seurustella liian usein maailmallisten ihmisten kanssa. Mieli alkaa vuotaa kuin seula eikä pysty säilyttämään Jumala-tuntemuksen vesiä. Matkat eivät auta teitä oivaltamaan Ääretöntä."

Koska Gurun tapana oli esittää ehdotuksia, ei käskyjä, hän lisäsi: "Velvollisuuteni on varoittaa teitä, kun näen teidän olevan kääntymäisillänne väärään suuntaan. Mutta tehkää, kuten itse tahdotte."

• • •

"Maan päällä Jumala pyrkii kehittämään oikean elämisen yleispätevää taitoa rohkaisemalla ihmisten sydämissä veljeyden ja toisten kunnioittamisen tunteita", Mestari selitti. "Siksi Hän ei ole sallinut yhdenkään kansakunnan olla täydellinen itsessään. Kunkin kansan jäsenille Hän on antanut jonkin erityisen taipumuksen, jonkin erityisen taidon, jonka avulla he voivat antaa erikoispanoksensa maailman kulttuurille.

"Kansankuntien parhaiden piirteiden rakentava vuorovaikutus edistää rauhaa maan päällä. Meidän tulisi panna merkille ja jäljitellä kunkin kansan hyveitä jättäen sen viat syrjään. On tärkeää ymmärtää, että historian suuret pyhimykset ovat personifioineet kaikkien maiden ihanteita ja heissä on ruumiillistunut kaikkien uskontojen korkeimmat pyrkimykset."

• • •

Mestarin puhe kipunoi vertauskuvia. Eräänä päivänä hän sanoi:
"Näen hengellisen tien kulkijat ikään kuin kilpailussa. Jotkut ovat pikamatkan juoksijoita; toiset liikkuvat hitaasti eteenpäin. Muutamat juoksevat jopa taaksepäin!"
Erään toisen kerran hän huomautti:
"Elämä on kuin taistelu. Ihmiset taistelevat ahneuden ja

harhan sisäisiä vihollisiaan vastaan. Monet haavoittuvat – halujen luodeista."

. . .

Paramahansaji oli nuhdellut useita oppilaita velvollisuuksien heikosta täyttämisestä. Oppilaat olivat kovin pahoillaan, ja Guru sanoi:
"En tahtoisi moittia teitä, sillä te kaikki olette varsin hyviä. Mutta kun näen tahroja valkoisella seinällä, tahdon poistaa ne."

. . .

Paramahansaji teki autolla matkaa eräiden muiden kanssa Self-Realization-luostarikunnan erakkolaan. Vanha mies tarpoi pitkin kuumaa pölyistä tietä kantamus selässään. Mestari käski pysäyttää auton, kutsui miehen luokseen ja antoi hänelle vähän rahaa. Muutaman minuutin kuluttua Paramahansaji sanoi oppilaille:
"Maailma ja sen kauheat yllätykset! Me ajamme autolla, mutta tuollainen vanha mies kävelee. Kaikkien teidän täytyisi päättää, että vapaudutte pelosta, jota *mayan* arvaamattomat käänteet luovat. Jos tuo onneton mies olisi löytänyt Jumalan, köyhyys ja rikkaus eivät merkitsisi hänelle mitään. Äärettömässä kaikki tajunnantilat muuntuvat yhdeksi: Alati Uudeksi Autuudeksi."

. . .

"Sir", mitä kohtaa *Joogin omaelämäkerrassa* pidätte tavalliselle ihmiselle innoittavimpana?" opiskelija kysyi. Mestari mietti hetken ja sanoi:
"Näitä guruni Sri Yukteswarin sanoja: 'Unohda mennyt. Ihmisen käyttäytyminen on alati epäluotettavaa, kunnes hän

on ankkuroitunut Jumalaan. Tulevaisuudessa kaikki on paremmin, jos yrität edetä hengellisesti tällä hetkellä."

. . .

"Jumala muistaa meidät, vaikka me emme muista Häntä", Mestari sanoi. Jos Hän unohtaisi luomakunnan sekunniksikin, kaikki häviäisi jäljettömiin. Kuka muu kuin Hän pitää tätä maan mutapalloa taivaalla? Kuka muu kuin Hän panee puut ja kukat kasvamaan? Yksin Herra ylläpitää sydäntemme sykintää, sulattaa ruokamme ja uusii päivittäin kehomme solut. Mutta kuinka harva Hänen lapsistaan omistaa Hänelle edes yhtä ajatusta!"

. . .

Paramahansaji sanoi: "Tajunta on kuin ihmeenomainen kuminauha, jota voidaan venyttää äärettömiin sen katkeamatta."

. . .

"Kuinka pyhimys pystyy ottamaan kannettavakseen toisten huonoa karmaa?"[1] oppilas kysyi. Mestari vastasi:

"Jos näkisit, että joku aikoo lyödä toista, voisit astua aiotun uhrin eteen ja antaa iskun osua sinuun. Suuri mestari toimii näin. Hän näkee, koska hänen seuraajiensa elämässä menneen huonon karman epäsuotuisat vaikutukset ovat osumassa heihin. Jos hän pitää sitä viisaana, hän käyttää metafyysistä menetelmää, jolla siirtää itselleen oppilaittensa erehdysten vaikutukset. Syyn ja seurauksen laki toimii mekaanisesti, matemaattisesti; joogit tietävät, kuinka sen kulkua ohjaillaan.

---

[1] Ks. sanastoa: karma. Karman siirtämisen lakia selitetään tarkemmin *Joogin omaelämäkerran* luvussa 21.

"Koska pyhimykset ovat tietoisia Jumalasta Ikuisena Olemassaolona ja Ehtymättömänä Elämän Energiana, he pystyvät kestämään iskuja, jotka tappaisivat tavallisen ihmisen. Pyhimysten tajuntaan fyysiset sairaudet tai maalliset vastoinkäymiset eivät vaikuta."

•   •   •

Mestari keskusteli oppilaittensa kanssa suunnitelmista laajentaa Self-Realization Fellowshipin toimintaa. Hän sanoi:
"Muistakaa: kirkko on kenno, mutta Herra on hunaja. Älkää tyytykö siihen, että kerrotte ihmisille hengellisistä totuuksista. Osoittakaa heille, kuinka he itse voivat saavuttaa Jumala-tietoisuuden."

•   •   •

Paramahansaji oli vapaa sidonnaisista kiintymyksistä, mutta hän oli rakastava ja ikuisesti uskollinen. Eräänä päivänä hän sanoi:
"Kun en näe ystäviäni, en kaipaa heitä; mutta kun näen heidät, en lainkaan väsy heihin."

•   •   •

"Näen Herran Hänen maailmankaikkeudessaan", Mestari sanoi. "Katsoessani kaunista puuta sydämeni liikuttuu ja kuiskaa: 'Hän on siinä!' Kumarran palvoakseni Häntä. Eikö Hän olekin jokaisessa tämän maailman atomissa? Voisiko planeettamme lainkaan olla olemassa ilman Jumalan ylläpitävää voimaa? Tosi palvoja näkee Hänet kaikissa ihmisissä, kaikissa esineissä. Jokaisesta kivestä tulee alttari.
"Kun Herra käski: 'Älä pidä muita jumalia minun rinnallani.

Älä tee itsellesi jumalankuvaa'¹, Hän tarkoitti, ettemme saa korottaa luomakunnan olentoja Luojaa ylemmäksi. Rakkautemme luontoon, perheeseen, ystäviin, velvollisuuksiin ja omaisuuteen ei saa vallata tärkeintä sijaa sydämissämme. Se sija kuuluu Jumalalle."

• • •

Osoitettuaan oppilaan virheen, Mestari sanoi:
"Sinun ei tulisi panna pahaksesi, että korjaan virheitäsi. Koska koko ajan voitat taistelussa, jota käyt egosta ohjautuvia tottumuksiasi vastaan, osoitan sinulle jatkuvasti itsekurin tien. Siunaan sinua lakkaamatta, jotta sinulla olisi loistava tulevaisuus hyvänä ihmisenä. Olen varoittanut sinua tänä iltana, ettet tottuisi hengellisten velvollisuuksiesi mekaaniseen suorittamiseen etkä unohtaisi Jumalan päivittäistä, syvällistä ja harrasta etsintää."

• • •

Erään toisen kirkon pappi vieraili Paramahansajin luona. Vierailija sanoi lannistuneena:
"Hengellinen ajatteluni on perin hämmentyneessä tilassa."
"Miksi sitten saarnaatte?"
"Minusta on mukava pitää saarnoja."
"Eikö Kristus opettanut meille, ettei sokea saisi taluttaa sokeaa?"² Mestari sanoi. "Epäilynne häviävät, jos opettelette ja harjoitatte meditaatiomenetelmää Jumalan eli Ainoan Varmuuden tuntemiseksi. Kuinka voitte välittää muille jumalallista oivallusta ilman Häneltä tulevaa innoitusta?"

• • •

¹ 2. Moos. 20:3–4.
² Matt. 15:14.

Oppilaat kuuntelivat innokkaina Encinitasin luostarin sa-
lissa, kun Mestari puhui myöhään yöhön ylevistä aiheista.
Hän lopetti puheensa näihin sanoihin: "Olen täällä kerto-
akseni teille siitä ilosta, joka on Jumalassa, siitä ilosta, jonka te
kaikki voitte löytää, siitä ilosta, joka täyttää minut elämäni jokai-
sena hetkenä. Sillä Hän kävelee kanssani, Hän puhuu kanssani,
Hän ajattelee kanssani, Hän leikkii kanssani, Hän ohjaa minua
kaikin tavoin. Sanon Hänelle: 'Herra, minulla ei ole huolia, Sinä
olet ikuisesti kanssani. Olen onnellinen ollessani Sinun palveli-
jasi, nöyrä väline, joka auttaa lapsiasi. Sinun vastuullasi on, keitä
ja mitä tuot elämääni. En puutu suunnitelmiin, joita Sinulla on
minua varten, ylläpitämällä omia toiveita.'"

. . .

"Tiedän syvällä sisimmässäni, että löydän onnellisuuden
vain Jumalasta. Siitä huolimatta monet maalliset asiat vetävät
minua yhä puoleensa", sanoi eräs nuori mies, joka mietti liitty-
mistä Self-Realization-luostarikuntaan.
"Lapsesta on hauska leikkiä hiekkakakuilla, mutta varttu-
essaan hän menettää kiinnostuksensa niihin", Mestari vastasi.
"Kun kasvat hengellisesti, et kaipaa maailman nautintoja."

. . .

Kun joukko oppineita miehiä oli käynyt Mestarin luona,
hän sanoi oppilailleen:
"Jotkut profeettoja lainailevat älyköt ovat kuin levysoitti-
mia. Kone soittaa levyä, jolla on pyhiä kirjoituksia, mutta ei
ymmärrä niiden merkitystä; samoin monet tutkijat toistavat
pyhää tekstiä tajuamatta sen todellista merkitystä. He eivät tun-
ne kirjoitusten syvää, elämää muuttavaa arvoa. Lukemastaan
he eivät saa Jumala-oivallusta vaan ainoastaan tietoa *sanoista*.
Heistä tulee ylpeitä ja kiistanhaluisia."

Hän lisäsi: "Tästä syystä kehotan teitä kaikkia lukemaan vähemmän ja meditoimaan enemmän."

. . .

Mestari sanoi: "Näyttää siltä, että luomakunnassa Jumala nukkuu mineraaleissa, uneksii kukissa, herää eläimissä, ja ihmisessä[1] Hän *tietää* olevansa valveilla."

. . .

Mestari oli antanut auliisti aikaansa oppilailleen ja totuuden etsijöille. Sitten hän lähti yksinäisyyden rauhaan aavikolle Self-Realization-erakkolaan. Kun hän ja pieni ryhmä pääsivät perille ja kun auton moottori oli sammutettu, Paramahansaji pysyi hiljaa autossa. Hän näytti uppoutuvan aavikkoillan syvään hiljaisuuteen. Vihdoin hän sanoi:

"Missä vain on kaivo, sinne janoiset ihmiset kerääntyvät. Mutta joskus kaivo tahtoo olla vaihteeksi ilman kävijöitä."

. . .

"Kehossasi on jumaluuden salainen ovi"[2], Mestari sanoi.

---

[1] "Ihmiskeho ei ole syntynyt pelkästään eläimistä kehittymällä, vaan sen syntyyn liittyi Jumalan erityinen luomistyö. Eläinkehot olivat liian karkeita täyden jumaluuden ilmentämiseen; ihminen yksin sai kaikkitietävyyden mahdollisuuden sisältävän 'tuhatterälehtisen lootuksen' aivoihinsa sekä täysin kehittyneet chakrat selkärankaansa." (*Joogin omaelämäkerta.*)

[2] Herra on varustanut ihmiskehon ainoana luomistaan salaisilla selkärangan kohdalla sijaitsevilla keskuksilla, joiden herääminen (joogan tai joissakin tapauksissa voimakkaan antaumuksellisen rakkauden avulla) johtaa jumalalliseen valaistumiseen. Hindukirjoituksissa opetetaan näin ollen, (1) että ihmiskeho on arvokas lahja, ja (2) että ihminen ei voi työstää pois materiaalista karmaansa muuta kuin kehossaan eläen. Ihminen inkarnoituu maan pinnalle yhä uudestaan niin kauan, että hän on mestari. Vasta sitten ihmiskeho on täyttänyt tehtävän, johon se oli luotu. (Ks. sanastoa: reinkarnaatio.)

"Nopeuta kehitystäsi oikealla ruokavaliolla, terveellisillä elämäntavoilla ja kunnioittamalla kehoasi Jumalan temppelinä. Avaa sen pyhät, selkärangan seudulla sijaitsevat ovet tieteellisen meditaation harjoittamisella."

• • •

"Olen aina halunnut etsiä Jumalaa, Mestari, mutta tahdon solmia avioliiton", oppilas sanoi. "Uskotteko, että voin silti saavuttaa Jumalallisen Päämäärän?"

"Nuori, joka tahtoo ensin perheen ajatellen etsivänsä Jumalaa myöhemmin, saattaa tehdä vakavan virheen", Mestari vastasi. Muinaisessa Intiassa lapsille opetettiin luostarissa itsekuria. Tänään tuollaista opetusta ei enää anneta missään päin maailmaa. Nykyajan ihminen hallitsee vain vähän aistejaan, impulssejaan, mielialojaan ja halujaan. Ympäristö vaikuttaa häneen helposti. Tapahtumat vievät luonnostaan siihen, että hän astuu perhe-elämään ja joutuu maailmallisten velvollisuuksiensa taakkojen alle. Usein hän ei muista sanoa edes pientäkään rukousta Jumalalle."

• • •

"Miksi kärsimystä on niin paljon maan päällä?" oppilas kysyi. Mestari vastasi:

"Kärsimykseen on monta syytä. Yksi syy on, että ihminen oppisi itse itsestään eikä vain toisilta. Tuska pakottaa ihmisen lopulta pohtimaan: Vaikuttaako syyn ja seurauksen laki elämässäni? Johtuvatko vaikeuteni omasta väärästä ajattelustani?"

• • •

Ymmärtäen, minkä taakan pyhimys ottaa kantaakseen auttaessaan muita, oppilas sanoi eräänä päivänä Paramahansajille:

"Sir, kun se hetki tulee, olette varmaankin iloinen jättäessänne maan ettekä tahdo enää koskaan palata."

"Niin kauan kuin tämän maailman ihmiset itkevät apua, palaan ohjaamaan laivaani ja tarjoudun viemään heitä taivaallisille rannoille", Guru vastasi.

"Iloitsisinko vapauden ihanuudesta toisten kärsiessä? Tietäen, että he ovat kurjuudessa (kuten itsekin olisin, ellei Jumala olisi osoittanut minulle armoaan), en voisi täysin nauttia edes Hänen sanoin ilmaisemattomasta autuudestaan."

• • •

"Välttäkää kielteistä lähestymistapaa elämään", Mestari sanoi oppilasryhmälle. "Miksi katsoisitte likaviemäreihin, kun kaikkialla ympärillänne on suloutta? Jopa suurimmista taiteen, musiikin ja kirjallisuuden mestariteoksista on mahdollista löytää puutteita, mutta eikö ole parempi nauttia niiden viehätyksestä ja loistosta?

"Elämässä on valoisa ja pimeä puoli, sillä suhteellisuuden maailma muodostuu valosta ja varjoista. Jos annat ajatuksesi keskittyä pahuuteen, sinusta itsestäsi tulee ruma. Näe vain se, mikä kaikessa on hyvää, ja vedät itseesi kauneutta."

• • •

"Mestari, olen tietoinen vain nykyisestä elämästä. Miksi en lainkaan muista aikaisempia inkarnaatioitani[1] enkä pysty ennalta näkemään seuraavaa elämääni", oppilas kysyi. Paramahansaji vastasi:

"Elämä on kuin pitkä ketju Jumalan valtameressä. Kun yksi ketjun osa vedetään ylös vedestä, näet vain tuon pienen osan. Ketjun alku ja loppu pysyvät piilossa. Tässä inkarnaatiossa näet

---

[1] Ks. sanastoa: reinkarnaatio.

vain yhden renkaan elämän ketjusta. Menneisyys ja tulevaisuus jäävät näkymättömiin, mutta ne pysyvät Jumalan syvyyksissä. Hän paljastaa niiden salaisuudet palvojille, jotka ovat virittäytyneet yhteen Hänen kanssaan."

. . .

"Uskotteko Kristuksen jumaluuteen?" vierailija kysyi. Mestari vastasi:

"Uskon. Puhun hyvin mielelläni hänestä, koska hän oli saavuttanut täydellisen Itse-oivalluksen. Mutta hän ei ollut *ainoa* Jumalan poika, eikä hän niin väittänytkään. Sen sijaan hän opetti selkeästi, että ne, jotka noudattavat Jumalan tahtoa, saavuttavat ykseyden Jumalan kanssa samoin kuin hän. Eikö Jeesuksen tehtävä maan päällä ollutkin muistuttaa kaikkia ihmisiä, että Herra on heidän Taivaallinen Isänsä ja osoittaa heille paluutie Hänen luokseen?"

. . .

"Ei tunnu oikealta, että Taivaallinen Isä sallii maailmassa olevan näin paljon kurjuutta", opiskelija huomautti. Paramahansaji vastasi:

"Jumalan suunnitelmassa ei ole lainkaan julmuutta, sillä Hänen silmiinsä mikään ei ole hyvää tai pahaa, vain valon ja varjojen muodostamia kuvia. Herran tarkoitus on, että me näkisimme elämän dualistiset tapahtumat kuten Hän itse, Hän, joka on valtavan kosmisen näytelmän ikuisesti riemullinen Katsoja.

"Ihminen on samastanut itsensä väärin valhesieluun eli egoon. Kun hän siirtää identiteettinsä todelliseen olemukseensa, kuolemattomaan sieluunsa, hän tajuaa kaiken kärsimyksen olevan epätodellista. Hän ei sen jälkeen voi edes *kuvitella* kärsimyksen tilaa."

Paramahansaji tervehtii eleellään lämpimästi kirkon jäseniä Self-Realization-temppelin ulkopuolella San Diegossa, Kaliforniassa 1949.

Guru lisäsi: "Jumala sallii niiden suurten mestarien, jotka tulevat maan päälle auttamaan eksyneitä veljiään, jakavan jollain tajuntansa tasolla ihmiskunnan surut. Mutta tämä myötätuntoinen osallistuminen ihmisten tunteisiin ei häiritse pyhimysten syvempiä tajunnan tasoja, joilla he kokevat vain muuttumatonta autuutta."

• • •

Mestari sanoi usein Jumalan palvojille: "Teidän tulisi jatkuvasti hyräillä hiljaa muiden kuulematta laulua: 'Herrani, olen aina Sinun.'"

• • •

Eräs luostarin asukas oli päättänyt palata maailmaan. Hän sanoi Paramahansajille:
Missä tahansa olenkin, meditoin ja seuraan opetuksianne."
"Ei, et pysty siihen", Mestari vastasi. "Sinun paikkasi on täällä. Jos palaat entiseen elämääsi, unohdat tämän tien."
Opiskelija lähti. Hän ei jatkanut meditointia ja upposi maailmallisuuteen. Guru murehti "kadonnutta lammastaan" ja selitti oppilaille:
"Pahalla on voimansa. Jos asetut sen puolelle, se pitää sinut otteessaan. Jos otat harha-askeleen, palaa välittömästi oikealle tielle."

• • •

"Jos joku ihminen sanoisi sinulle: 'Olen Jumala', et uskoisi hänen puhuvan totta", Mestari selitti oppilasjoukolle. "Mutta me kaikki saamme oikeutetusti sanoa: 'Jumala on tullut minuksi.' Mistä muusta olemuksesta meidät olisi voitu luoda? Hän on koko luomakunnan ainoa rakennusaines. Ennen kuin

Hän loi ilmenevät maailmat, mitään muuta ei ollut olemassa kuin Hän, Henki. Omasta olemuksestaan Hän loi kaiken: universumin ja ihmissielut."

. . .

"Pitäisikö minun lukea kirjoja?" oppilas kysyi.

"Pyhien kirjojen tutkiminen antaa lisää intoa Jumalan etsimiseen, mikäli luet hitaasti ja yrität omaksua niiden syvällisen merkityksen", Mestari vastasi. "Mutta pyhien kirjoitusten lukeminen ilman että noudattaisi niiden ohjeita johtaa turhamaisuuteen, vääränlaiseen tyydytykseen ja siihen, mitä kutsun 'älylliseksi ruoansulatushäiriöksi'.

"Monet joutuvat paneutumaan maallisiin kirjoihin ansaitakseen toimeentulonsa; mutta maailmasta luopuneiden, kuten sinun, ei tulisi lukea kirjoja, joiden sivuilla ei ole Jumalaa."

. . .

"Käykö luomakunta todella läpi evoluutiota?" oppilas kysyi.

"Evoluutio on Jumalan ihmismieleen painama suggestio, ja se on totta suhteellisuuden maailmassa", Mestari vastasi. "Tosiasiassa kaikki tapahtuu nykyhetkessä. Hengessä ei ole evoluutiota samoin kuin ei siinä valokiilassakaan tapahdu muutoksia, jonka läpi elokuvien vaihtuvat kuvat muodostuvat. Herra voi kääntää luomakunnan elokuvaa taaksepäin tai eteenpäin, mutta kaikki tapahtuu tosiasiassa ikuisessa *nyt*-hetkessä."

. . .

"Jos työskentelee Jumalaa eikä itseään varten, merkitseekö tämä, että työssään ei saa olla kunnianhimoinen?" oppilas kysyi.

"Ei, sinun tulee olla kunnianhimoinen saadaksesi tehtyä työsi Jumalalle", Mestari sanoi. Jos tahtosi on heikko ja kunnianhimosi kuollut, olet jo menettänyt elämän. Mutta älä anna kunnianhimon herättää maailmallisia riippuvuuksia.

"On tuhoisaa pyrkiä päämääriin vain itsesi takia; tavoitteellisuus toisten puolesta on avartavaa; mutta parasta on pyrkiä miellyttämään Jumalaa. Se johtaa sinut suoraan Jumalallisen Läsnäolon kokemiseen."

• • •

"Luostarielämä vetää minua puoleensa", eräs mies sanoi Paramahansajille, "mutta epäröin luopua vapaudestani."

"Jos et ole löytänyt Jumalaa, sinulla on hyvin vähän vapautta", Mestari vastasi. "Impulssit, oikut, mielialat, tottumukset ja ympäristö hallitsevat elämääsi. Kun seuraat gurun neuvoja ja hyväksyt hänen ohjenuoransa, vapaudut vähitellen aistiorjuudesta. Vapaus merkitsee kykyä toimia sielun ohjauksessa sen sijaan että toimisit halujen ja tottumusten pakottamana. Egon seuraaminen johtaa orjuuteen, sielun seuraaminen tuo vapautuksen."

• • •

"Sir, onko olemassa *kriya*-joogan lisäksi jokin tieteellinen menetelmä, joka vie palvojan Jumalaan?" oppilas kysyi.

"On", Mestari sanoi. "Varma ja nopea tie Äärettömään on pitää huomio kiinnittyneenä Kristus-tietoisuuden keskukseen kulmakarvojen väliin." [1]

• • •

"Onko väärin epäillä? Minusta ei ole mukava uskoa sokeasti", opiskelija sanoi. Mestari vastasi:

[1] Ks. sanastoa: hengellinen silmä.

"On olemassa kahdenlaista epäilyä: turmiollista ja rakenta-
vaa. Turmiollinen epäily tarkoittaa totunnaista skeptisyyttä. Ne,
joilla on tämä asenne, epäilevät sokeasti; he eivät turvaudu puo-
lueettomaan tutkimiseen. Skeptisyys on ihmisen mentaalisen
radion häiriö, joka estää häntä kuulemasta totuuden ohjelmaa.

"Rakentava epäily on älykästä kyselyä ja rehtiä tutkimista.
Ne, joilla on tämä asenne, eivät ole ennakkoluuloisia eivätkä
hyväksy toisten mielipiteitä päteviksi. Hengellisellä tiellä ra-
kentavalla tavalla epäilevät perustavat johtopäätöksensä kokei-
luihin ja henkilökohtaiseen kokemukseen – oikeaan totuuden
lähestymistapaan."

• • •

"Miksi Jumalan pitäisi antaa itsensä sinulle helposti?"
Mestari kysyi erään luennon aikana. "Sinulle, joka työskente-
let kovasti rahan eteen ja hyvin vähän jumalallisen oivalluksen
puolesta! Hindupyhimykset opettavat, että jos me käyttäisim-
me niinkin lyhyen ajan kuin kaksikymmentäneljä tuntia jatku-
vaan keskeytymättömään rukoiluun, Herra ilmestyisi meille tai
antaisi meidän tuntea Hänet jollain muulla tavalla. Jos omis-
tamme edes tunnin päivässä syvälle Jumalan meditoinnille,
Hän saapuu luoksemme aikanaan."

• • •

Paramahansaji oli neuvonut erästä älyllisesti suuntau-
tunutta oppilasta kehittämään rakkaudellista antaumusta.
Tuntien, että tuo nuori mies oli edistynyt hyvin, Mestari sanoi
hänelle eräänä päivänä rakastavasti:

"Pysy lujasti antaumuksen tiellä. Kuinka 'kuivaa' elämäsi
olikaan, kun tukeuduit yksinomaan älyyn."

• • •

"Halut ovat ihmisen armottomimpia vihollisia: hän ei saa solmittua rauhaa niiden kanssa", Mestari sanoi. "Ylläpidä vain yhtä halua: halua tuntea Jumala. Aistihalujen tyydyttäminen ei voi tyydyttää sinua, sillä sinä et ole sama kuin aistisi. Aistit ovat ainoastaan palvelijoitasi, eivät syvin Itsesi."

. . .

Kun Paramahansaji ja oppilaat istuivat takan ääressä luostarin olohuoneessa puhuen hengellisistä asioista, Mestari sanoi:
"Ajattele kahta ihmistä. Heidän oikealla puolellaan on elämän laakso ja vasemmalla kuoleman laakso. Molemmat ovat järkeviä, mutta toinen kulkee oikeaan ja toinen vasempaan. Miksi? Koska toinen on käyttänyt oikein erittelykykyään ja toinen on käyttänyt tuota kykyä väärin valheellisiin rationalisointeihin."

. . .

"Mestari, tohtori Lewis oli ensimmäinen oppilaanne tässä maassa, eikö niin?"
Paramahansaji vastasi: "Näin sanotaan." Huomatessaan, että kysyjä oli vähän hämmentynyt, Mestari lisäsi. "En koskaan sano, että jotkut ovat oppilaitani. Jumala on Guru; he ovat Hänen oppilaitaan."

. . .

Eräs opiskelija valitti, että maailman pahuutta koskevat uutiset olivat yleensä hallitsevia sanomalehdissä.
"Pahuus leviää tuulen mukana", Mestari sanoi. "Totuus pystyy kulkemaan tuulta vastaan."

. . .

Monet olivat uteliaita tietämään Mestarin iän. Hän nauroi ja sanoi:

"Ei minulla ole ikää. Olin olemassa ennen atomeja, ennen luomakunnan aamunkoittoa."

Oppilaille hän antoi tämän neuvon: "Toistakaa mielessänne totuutta: 'Olen ääretön Valtameri, joka on tullut moneksi aalloissaan. Olen ikuinen ja kuolematon. Olen Henki.'"

• • •

"Mikä estää maapalloa suistumasta radaltaan?" Paramahansaji kysyi eräältä oppilaalta.

"Auringon vetovoima, sir. Se estää maapalloa häviämästä ulkoavaruuteen", nuori mies vastasi.

"Mikä sitten estää maapalloa suistumasta kokonaan aurinkoon?" Mestari jatkoi.

"Keskipakoisvoima, sir. Sen takia maapallo säilyttää etäisyytensä auringosta."

Mestari hymyili merkitsevästi. Myöhemmin oppilas ymmärsi, että Paramahansaji oli puhunut allegorisesti Jumalasta vetovoimaisena aurinkona ja egoistisesta ihmisestä maapallona, joka "säilyttää etäisyytensä".

• • •

Opiskelija yritti ymmärtää mentaalisesti analysoimalla, mitä Jumala on. Mestari sanoi:

"Älä luule, että voisit tajuta Ääretöntä Herraa järjellä. Järki voi ymmärtää vain syy–seuraus-periaatteen, joka vallitsee ilmiömaailmassa. Järki on voimaton oivaltamaan tuonpuoleista totuutta ja sen Absoluutin luonnetta, jolla ei ole syytä.

"Ihmisen korkein kyky ei ole järki vaan intuitio: sellainen totuuden oivaltaminen, joka juontuu suoraan ja välittömästi sielusta eikä aistien tai järjen erehtyväisestä toiminnasta."

• • •

Sovittaessaan kahden opiskelijan riitaa Mestari sanoi: "Ihmiskunnalla on vain yksi todellinen vihollinen – tietämättömyys. Toimikaamme kaikki yhdessä sen hävittämiseksi auttaen ja kannustaen matkalla toinen toisiamme."

• • •

"Kuinka Jumala, Ilmentymätön Absoluutti, voisi ilmestyä näkyvässä muodossa [1] palvojalle?" mies kysyi. Mestari sanoi: "Jos epäilet, et näe; ja jos näet, et epäile."

• • •

"Mutta, sir", eräs oppilas vetosi, "en tajunnut, että sanani tekisivät M– –:n onnettomaksi." Mestari vastasi: "Vaikka rikomme lakia tietämättämme tai loukkaamme jotakuta tarkoittamattamme, olemme silti tehneet väärin. Itsekeskeisyytemme vie meitä harhaan. Pyhimykset eivät toimi epäviisaasti, koska he ovat hylänneet egon ja löytäneet todellisen identiteettinsä Jumalassa."

• • •

Oppilas ilmaisi inhoaan henkilöä kohtaan, jonka rikoksista oli äskettäin kirjoitettu sanomalehdissä.
"Olen pahoillani sairaan puolesta," Mestari sanoi. "Miksi minun tulisi vihata ihmistä, joka on suistunut pahaan? Hän on *todella* sairas."

• • •

---

[1] Ks. sanastoa: Jumalallinen Äiti.

"Kun vesisäiliön seinämät kaatuvat", Mestari sanoi, "vedet syöksyvät joka suuntaan. Vastaavasti, kun meditaatio poistaa levottomuuden[1] ja harhan rajoitukset, ihmistajunta leviää äärettömyyteen ja sulautuu kaikkialliseen Henkeen."

· · ·

"Miksi Herra antaa meille perheen, jos Hän ei tahdo meidän rakastavan perheenjäseniämme enemmän kuin muita?" opiskelija kysyi.

"Asettamalla meidät perheeseen Jumala antaa meille tilaisuuden ylittää itsekkyytemme ja meille tulee helpommaksi ajatella toisia", Mestari vastasi. "Ystäviemme avulla Hän tarjoaa meille tien myötätuntomme laajentamiseen. Mutta tämäkään ei vielä merkitse loppua: meidän tulee edelleen avartaa rakkauttamme, kunnes siitä tulee jumalallista sulkien piiriinsä kaikki olennot. Kuinka muuten voisimme saavuttaa ykseyden Jumalan kanssa, joka on kaikkien Isä?"

· · ·

Jumalan kärsivällinen rakkaus sai tähdellisen ilmaisun Gurun selittäessä: "Yhdessä hyvin koskettavassa aspektissaan voimme sanoa Herran olevan kerjäläinen. Hän kaipaa huomiotamme. Maailmankaikkeuden Hallitsija, jonka katseesta tähdet, auringot, kuut ja planeetat vapisevat, juoksee ihmisen perässä ja pyytää: 'Etkö antaisi Minulle rakkauttasi? Etkö rakasta Minua, Antajaa, enemmän kuin sitä, mitä olen luonut sinua varten? Etkö etsisi Minua?'

"Mutta ihminen sanoo: 'Olen nyt liian kiireinen; minulla on töitä. Ei minulla ole aikaa Sinun etsimiseesi.'

"Ja Herra sanoo: 'Minä odotan.'"

---

[1] Ks. sanastoa: hengitys.

• • •

Mestari piti puheen luomisesta ja siitä, miksi Herra oli sen käynnistänyt. Oppilaat esittivät monia kysymyksiä. Paramahansaji nauroi ja sanoi:
"Tämä elämä on Jumalan kirjoittama mestarillinen romaani, ja ihminen sekoaisi, jos yrittäisi ymmärtää sitä vain järjellään. Tämän takia kehotan teitä meditoimaan enemmän. Laajentakaa intuitionne maagista kuppia, niin että voitte sisällyttää siihen äärettömän viisauden valtameren."

• • •

"Ymmärrän, että teillä on kahdenlaisia jäseniä: heitä, jotka elävät maailmassa, sekä maailmasta luopuneita, jotka asuvat luostarissa", vierailija sanoi. "Kummat seuraavat parempaa tietä?"
"Jotkut rakastavat Jumalaa niin syvästi, ettei millään muulla ole merkitystä. He luopuvat maailmasta ja työskentelevät täällä vain Herralle", Mestari vastasi. "Mutta ei jumalallinen yhteys ole suljettu niiltäkään, joiden täytyy työskennellä maailmassa ylläpitääkseen itseään ja perheitään. Jumalan löytäminen vie heiltä vain tavallisesti kauemmin, siinä kaikki."

• • •

Eräs mies valitti, että hänen asiansa sujuivat huonosti. "Tämän täytyy olla karmaani", hän sanoi. "En tunnu onnistuvan missään."
"Siinä tapauksessa sinun tulisi yrittää entistä kovemmin", Mestari vastasi. "Unohda mennyt ja luota enemmän Jumalaan. Hän ei määrää ennalta kohtaloamme, eikä karma ole ainoa tekijä, vaikka entiset ajatuksemme ja toimemme *vaikuttavatkin* elämäämme. Jos et ole tyytyväinen siihen, kuinka elämäsi sujuu, muuta kaavaa. En pidä siitä, että ihmiset huokaavat ja

lukevat nykyisen epäonnistumisen menneiden virheiden tiliin. Tällainen on hengellistä laiskuutta. Ryhdy toimeen ja kitke elämäsi puutarha."

. . .

"Miksi Jumala ei rankaise niitä, jotka pilkkaavat Hänen nimeään?" eräs oppilas kysyi. Mestari sanoi:
"Jumalaa eivät valheelliset rukoukset tai ylistykset kosketa, eivät myöskään ymmärtämättömät ateistiset purkaukset. Hän vastaa ihmiselle vain lain välityksellä. Jos isket rystysilläsi kiveä tai juot rikkihappoa, joudut kantamaan seuraukset. Jos rikot hänen elämänlakejaan, seurauksena on kärsimystä. Ajattele oikein, käyttäydy jalosti ja tuloksena on rauhaa. Rakasta Jumalaa ehdoitta ja *Hän* saapuu."

. . .

"Hän on suurin, joka pitää itseään vähäisimpänä, kuten Jeesus opetti", Paramahansaji sanoi. "Todellinen johtaja on ensin oppinut kuuliaisuutta toisia kohtaan ja tuntee olevansa kaikkien palvelija eikä koskaan aseta itseään jalustalle. Ne, jotka tahtovat imartelua, eivät ansaitse ihailuamme; mutta sillä, joka palvelee meitä, on oikeus rakkauteemme. Eikö Jumala olekin lapsiensa palvelija, mutta pyytääkö Hän ylistystä? Ei, Hän on liian suuri, jotta ylistys koskettaisi Häntä."

. . .

Mestari antoi ohjeita Self-Realization-papeille saarnojen valmistamiseen. Hän sanoi:
"Meditoi ensin syvästi. Säilytä sitten se rauha, jonka meditaatio suo, ja ajattele puheesi aihetta. Kirjoita ylös ideasi ja sisällytä puheeseesi yksi tai kaksi hauskaa kertomusta, sillä ihmisistä

on mukava nauraa. Päätä saarnasi lainaukseen, jonka otat SRF-*opetuskirjeistä*.[1] Pane sen jälkeen muistiinpanosi syrjään ja unohda asia. Kun olet aloittamassa saarnaasi kirkossa, pyydä Henkeä virtaamaan sanojesi kautta. Tällä tavalla inspiraatio tulee Jumalalta eikä egosta."

. . .

Eräs nainen kertoi Gurulle, että vaikka hän osallistui säännöllisesti tämän temppelipalveluksiin, hän ei tuntenut olevansa yhtään lähempänä Jumalaa. Paramahansaji vastasi:
"Jos kertoisin sinulle jonkin hedelmän värin ja että se on makea ja kuinka se kasvaa, ymmärtäisit siitä silti vain epäolennaisuuksia. Jotta voisit tuntea sen erityisen maun, sinun itsesi täytyy syödä sitä. Vastaavasti, jotta tajuaisit totuuden, sinun täytyy kokea se."
Hän lisäsi: "Voin ainoastaan herättää jumalalliseen hedelmään kohdistuvaa ruokahaluasi. Miksi et käy toimeen ja haukkaa siitä palaa?"

. . .

"Me olemme kaikki Valtameren povella lepääviä aaltoja", Mestari sanoi. "Meri voi olla olemassa ilman aaltoja, mutta aallot eivät voi olla olemassa ilman merta. Vastaavasti, Henki voi olla olemassa ilman ihmistä, mutta ihminen ei voi olla olemassa ilman Henkeä."

. . .

Oppilas taisteli ilman suurtakaan menestystä voittaakseen heikkoutensa. Mestari sanoi hänelle:
"Tällä hetkellä en pyydä sinua voittamaan *mayaa*. Pyydän sinua vain *vastustamaan* sitä."

[1] Ks. sanastoa.

. . .

Mestari sanoi uudelle oppilaalle, joka oli innokas pakene-
maan elämän koettelemuksia:
"Jumalallinen Lääkäri pitää sinut maanpäällisen harhan
sairaalassa, kunnes maallisten halujesi sairaus on parantunut.
Sen jälkeen Hän antaa sinun lähteä kotiin."

. . .

Itärannikolle suuntautuneella luentomatkallaan Mestari
tapasi eturivin liikemiehen. Heidän keskustelunsa aikana mies
huomautti:
"Olen inhottavan terve ja inhottavan rikas."
"Mutta ette ole inhottavan onnellinen, vai kuinka?"
Mestari täydensi.
Mies myönsi, ja hänestä tuli Paramahansajin *kriya*-jooga-
opetusten antaumuksellinen seuraaja.

. . .

Mestari selitti Raamatun kohtaa: "Minä seison ovella ja
kolkutan. Jos joku kuulee minun ääneni ja avaa oven, minä tu-
len hänen luokseen, ja me aterioimme yhdessä, minä ja hän."[1]
Mestari sanoi:
"Kristus yrittää astua sisään sydämesi ovesta, mutta sinä
olet lukinnut sen välinpitämättömyydellä."

. . .

"Sir, on hyvä, että saarnaatte tähän aikaan Amerikassa.
Kahden maailmansodan jälkeen ihmiset ovat vastaanottavaisia

---

[1] Ilm. 3:20.

hengelliselle sanomallenne", huomautti hiljattain *Joogin oma-elämäkerran* lukenut mies.

"Aivan", Mestari vastasi. "Viisikymmentä vuotta sitten he olisivat olleet välinpitämättömiä. 'Kaikella on määrähetkensä, aikansa joka asialla taivaan alla.'" [1]

. . .

Kun järjestö, Self-Realization Fellowship, jonka Mestari oli perustanut opetuksiaan levittämään, kasvoi nopeasti, hän huomasi joidenkin oppilaittensa keskittyvän työhön. Hän varoitti heitä: "Älkää koskaan olko liian kiireisiä laulaaksenne salassa Herralle, 'Sinä olet minun, minä olen Sinun.'"

. . .

Huomatessaan, että eräs oppilas oli vajonnut raskaaseen mielentilaan, Mestari sanoi lempeästi:

"Kun kurjuuden piikki lävistää sydämesi, vedä se pois meditaation piikillä."

. . .

"Tämä polku ei sovi tyhjäntoimittajille", Mestari sanoi pienessä tervetuliaispuheessaan uudelle Mount Washington -keskuksen asukille. "Laiskimus ei pysty löytämään Jumalaa, luomakunnan Ahkeraa Työntekijää. Herra ei auta niitä, jotka uskovat, että Hänen pitää tehdä kaikki työ. Hän auttaa salaisesti niitä, jotka suorittavat velvollisuutensa iloisesti ja älykkäästi ja jotka sanovat: 'Herra, Sinä käytät aivojani ja käsiäni.'"

. . .

[1] Saarn. 3:1.

Paramahansaji ja hänen vieraansa: Amala ja Uday Shankar, klassisen hindutanssin etevät taitajat, sekä heidän seurueeseensa kuuluvat tanssijat ja muusikot (muun muassa loistava sitaristi Ravi Shankar, Uday Shankarin veli); Self-Realization-luostarikeskus, Encinitas, Kalifornia, 1950.

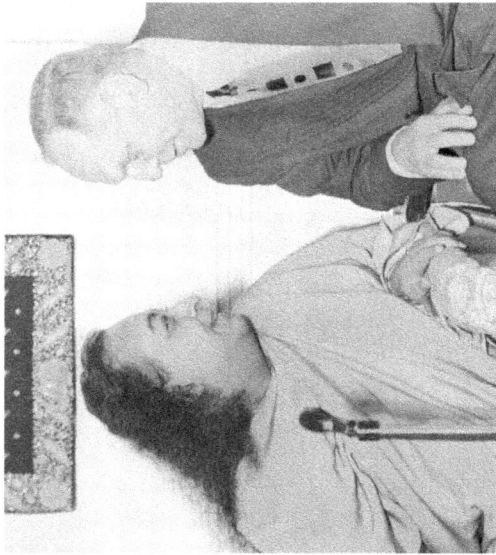

Sri Yogananda ja Kalifornian entinen kuvernööri Goodwin J. Knight, joka osallistui Intia-keskuksen vihkimistilaisuuteen Hollywoodin Self-Realization-luostarikeskuksessa vuonna 1951.

Opiskelija valitti olevansa liian kiireinen meditoidakseen. Mestarin vastaus oli napakka:

"Entäpä jos Jumala olisi liian kiireinen huolehtiakseen sinusta?"

• • •

"Ihmiskeho on jumalallinen idea Herran mielessä", Mestari sanoi. "Hän loi meidät kuolemattoman valon säteistä [1] ja sulki meidät lihan lampunkuoreen. Me suuntaamme huomiomme katoavan lampunkuoren heikkouksiin pikemmin kuin siihen ikuiseen energiaan, joka virtaa sen sisässä."

• • •

"Jumala tuntuu epämääräiseltä ja kovin etäiseltä", opiskelija väitti.

"Herra vaikuttaa kaukaiselta vain koska huomiosi on suuntautunut ulospäin Hänen luomakuntaansa eikä sisäänpäin Häneen", Mestari sanoi. "Kun mielesi vaeltaa lukemattomien maallisten ajatusten sokkeloissa, johda se kärsivällisesti takaisin sisälläsi elävän Jumalan muistamiseen. Aikanaan koet Hänet jatkuvasti kanssasi – Jumalan, joka puhuu sinulle omaa kieltäsi, Jumalan, jonka kasvot kurkistavat sinuun jokaisesta kukasta ja kasvista ja ruohon korresta.

"Silloin sanot: 'Olen vapaa! Olen puettu Hengen harsoon; lennän valon siivin maasta taivaaseen.' Ja mikä riemu olemuksessasi!"

• • •

[1] "Jos silmäsi on yksi, koko ruumiisi on valaistu" (Matt. 6:22. Jakeen suomennos vastaa Paramahansa Yoganandan käyttämää King James -raamatunkäännöstä, joka poikkeaa sanan "yksi" kohdalla suomalaisesta kirkkoraamatusta. *Suomentajan huomautus*)

"Pystyttekö sanomaan vain henkilöä katsomalla, kuinka pitkälle hän on edennyt hengellisesti?" eräs oppilas kysyi Paramahansajilta. "Välittömästi", Mestari vastasi hiljaa. "Näen ihmisten piilossa olevan puolen, koska se on minun työtäni elämässä. Mutta en puhu siitä, mitä saan selville. Hän, joka itsekeskeisesti sanoo tietävänsä, ei tiedä. Hän, joka todella tietää sen takia, että tuntee Jumalan, pysyy hiljaa."

• • •

Oppilaalle, joka toistuvasti pyysi Mestaria suomaan hänelle Jumala-tietoisuuden mutta ei tehnyt mitään valmistaakseen itseään siihen, Mestari sanoi:

"Jumalan tosi rakastaja voi innoittaa eksyneitä veljiään ja sisariaan, jotta he haluaisivat päästä takaisin kotiin Hänen luokseen; mutta jokaisen on itse tehtävä tuo matka askel askeleelta."

• • •

Joka vuosi päivää ennen joulua oppilaat kokoontuivat Mount Washingtonin keskukseen meditoimaan Mestarin kanssa. Pyhä tilaisuus kesti tavallisesti koko päivän iltahetkiin asti. Vuoden 1948 joulumeditaatiossa Jumalallinen Äiti ilmestyi Mestarille ja oppilaat kuulivat ihmeissään ja järkyttyneinä hänen puhuvan Äidille. Hän huudahti monta kertaa syvään huoaten:

"Oi, Sinä olet niin kaunis!"

Paramahansaji kertoi monille läsnäolijoille Äidin toiveita, jotka koskivat heidän elämäänsä. Äkkiä hän huusi:

"Älä mene! Sinä sanot, että näiden ihmisten alitajuiset maalliset halut ajavat Sinut pois? Voi, tule takaisin! Tule takaisin!"

· · ·

"En ole koskaan pystynyt uskomaan taivaaseen", uusi oppilas huomautti. "Onko sellainen paikka todella olemassa?"

"On", Paramahansaji vastasi. "Ne, jotka rakastavat Jumalaa ja luottavat Häneen, menevät sinne kuoltuaan. Tuolla astraalitasolla [1] olevalla on voima luoda välittömästi mitä vain pelkästään ajattelemalla. Astraalikeho muodostuu kimmeltävästä valosta. Noilla tasoilla on värejä ja ääniä, joita ei lainkaan tunneta maan päällä. Se on kaunis ja onnellinen maailma, mutta ei edes taivaskokemus ole korkein tila. Ihminen saavuttaa lopullisen autuuden ylittäessään ilmiötasot ja kokiessaan Jumalan ja itsensä Absoluuttina Henkenä."

· · ·

"Timantti ja hiilinokare, jotka ovat vierekkäin, saavat osakseen yhtälailla auringon säteitä, mutta vasta kun hiilestä on tullut valkoinen ja kirkas timantti, se pystyy heijastamaan auringon valoa", Mestari sanoi. "Vastaavasti, hengellisesti pimeää tavallista ihmistä ei voi verrata kauneudessa puhdistuneeseen palvojaan, joka pystyy heijastamaan Jumalan valoa."

· · ·

"Välttäkää juoruilua ja huhujen levittämistä", Mestari selitti oppilasryhmälle. "Jos annatte valheelle kahdenkymmenenneljän tunnin etumatkan, se näyttää joskus muuttuvan kuolemattomaksi.

"Luostarissa kerran asunut mies puhui usein epätotuuksia toisista. Yhtenä päivänä hän pani alulle perusteettoman huhun eräästä pojasta. Kun se tuli korviini, kuiskasin muutamille

---

[1] Ks. sanastoa: astraalimaailmat.

harmittoman mutta valheellisen asian tuosta miehestä.
"Hän tuli luokseni ja sanoi kiukuissaan: 'Kuulkaahan, mitä
kaikki täällä puhuvat minusta!' Kuuntelin kohteliaasti. Kun
hän oli lopettanut sanoin:
"'Et pidä siitä, vai kuinka?'
"'En tietenkään!'
"'Nyt tiedät, miltä pojasta tuntui, kun muut toistivat si-
nun kertomaasi valhetta hänestä.' Mies nolostui. Jatkoin: 'Juuri
minä panin tuon jutun kiertämään sinusta opettaakseni sinulle
huomavaisuutta toisia kohtaan. Tuota opetusta et kyennyt op-
pimaan millään muulla tavalla.'"

· · ·

"Teidän tulee mennä syvälle meditaatiossa", Mestari sanoi
oppilasryhmälle. "Jos sallitte itsenne tulla levottomiksi, vanhat
vaivat alkavat jälleen: haluatte seksiä, viiniä ja rahaa."

· · ·

"Ihmisellä näyttää olevan vain vähän vapaata tahtoa", opis-
kelija huomautti. "Elämäni on monin tavoin 'lukkoon lyöty'."
"Käänny Jumalan puoleen ja pääset irtoamaan tottumus-
ten ja ympäristön kahleista", Mestari vastasi. "Vaikka kosminen
suunnitelma hallitseekin elämän näytelmää, ihminen voi muut-
taa osaansa muuttamalla tajuntansa keskusta. Itse, joka samastuu
egoon, on sidottu; Itse, joka samastuu sieluun, on vapaa."

· · ·

Mount Washingtonin keskuksessa vieraileva sanoi
Paramahansajille:
"Uskon Jumalaan. Mutta Hän ei auta minua."
"Uskomus, että Jumala on olemassa, ja usko ovat kaksi eri

asiaa", Mestari vastasi. "Uskomus on arvoton, ellet koettele sitä ja elä sen mukaan. Kun uskomus muuttuu kokemukseksi, siitä tulee uskoa. Tämän takia profeetta Malakias julisti: '*Koetelkaa minua tällä tavalla*, sanoo Herra Sebaot. – Silloin saatte nähdä, että minä avaan taivaan ikkunat ja vuodatan teille siunausta ylenpalttisesti.'" [1]

• • •

Opiskelija oli tehnyt vakavan virheen. Hän valitti: "Olen aina viljellyt hyviä tottumuksia. Tuntuu uskomattomalta, että tämä onnettomuus sattui minulle."

"Erehdyit luottaessasi liikaa hyviin tottumuksiin, ja niin laiminlöit jatkuvaa oikean arviointikyvyn käyttöä", Mestari sanoi. "Hyvät tottumukset auttavat tavallisissa ja tutuissa tilanteissa, mutta eivät ehkä riitä ohjaamaan sinua uuden ongelman noustessa. Silloin arvostelukyky on tarpeen. Syvän meditaation avulla opit valitsemaan aina oikein, silloinkin kun joudut erikoislaatuisiin tilanteisiin." Hän lisäsi:

"Ihminen ei ole automaatti; sen tähden hän ei pysty elämään aina oikein seuraamalla yksinkertaisesti vain sovittuja sääntöjä ja jyrkkiä moraaliohjeita. Arkielämän monenlaiset ongelmat ja tapahtumat tarjoavat harjoittelua hyvän arvostelukyvyn kehittämiseksi."

• • •

Eräänä päivänä Paramahansaji moitti munkkia vääränlaisesta käyttäytymisestä. Tämä kysyi: "Mutta Te annatte minulle anteeksi, eikö niin, sir?"

Mestari vastasi: "No, mitä muuta voisin?"

• • •

[1] Mal. 3:10.

Iso nuorten ja vanhojen naispuolisten oppilaiden ryhmä nautti Mestarin seurassa piknikistä Encinitasissa, Self-Realization-luostarikeskuksen alueella, josta aukeaa näköala Tyynelle valtamerelle. Paramahansaji sanoi:

"Kuinka paljon parempaa tämä onkaan kuin levottomien maallismielisten ihmisten huvitukset, jotka vain haaskaavat aikaa. Te kaikki saatte rauhan ja onnellisuuden rikkautta. Jumala tahtoo lapsiensa elävän yksinkertaisesti ja tyytyvän viattomiin iloihin."

. . .

"Älä pohdi toisten vikoja", Mestari sanoi. "Käytä viisauden puhdistuspulveria pitääksesi oman mielesi huoneet kirkkaina ja putipuhtaina. Esimerkkisi voimasta muut innostuvat tekemään oman siivouksensa."

. . .

Kaksi oppilasta olivat epäoikeutetusti vihaisia eräälle veljelleen ja esittivät syytöksensä Mestarille. Hän kuunteli hiljaa. Kun he olivat lopettaneet, hän sanoi: "Muuttakaa itseänne."

. . .

"Ohjaa lapsiesi tahtoa oikeaan suuntaan, pois itsekkyydestä ja sen tuomasta surkeudesta", Mestari sanoi eräälle äidille. "Älä rajoita heidän vapauttaan tai vastusta heitä turhanpäiten. Esitä heille ehdotuksiasi rakastavasti ja ymmärtäen, kuinka tärkeitä heille heidän omat pienet halunsa ovat. Jos moitit heitä etkä keskustele heidän kanssaan, menetät heidän luottamuksensa. Jos lapsi on itsepäinen, selitä kantasi kerran äläkä sen jälkeen sano mitään. Anna hänen saada omat pienet iskunsa; ne opettavat hänelle arvostelukykyä nopeammin kuin sanalliset neuvot."

[Opettaessaan hengellisten oppilaidensa perhettä Paramahansaji seurasi omia ohjeitaan. Hän auttoi kaikenikäisiä "lapsia" kehittämään omaa tahtoaan oikeaan suuntaan. Hän esitti ehdotuksensa rakkaudella ja ymmärtäen täysin kunkin oppilaan erityiset tarpeet ja luonteen. Vain harvoin hän kehotti oppilasta kahdesti; hän osoitti oppilaan jonkin puutteen kertaalleen ja sen jälkeen hän vaikeni siitä.]

· · ·

"On vaikeaa olla tuoksuvan ruusun tai lemuavan haisunäädän lähellä ilman, että sillä olisi vaikutusta", Mestari sanoi. "On siis parempi olla tekemisissä vain ihmisruusujen kanssa."

· · ·

"Pidän opetuksistanne. Mutta oletteko kristitty?" Kysyjä keskusteli Paramahansajin kanssa ensimmäistä kertaa. Guru vastasi: "Eikö Kristus sanonut meille: 'Ei jokainen, joka sanoo minulle, Herra, Herra, pääse taivasten valtakuntaan. Sinne pääsee se, joka tekee taivaallisen Isäni tahdon.'?"[1]

"Raamatussa termi *pakana* tarkoittaa epäjumalien palvojaa, sellaista, jonka huomio on keskittynyt maailman houkutuksiin eikä Herraan. Materialisti voi käydä kirkossa sunnuntaisin ja olla silti pakana. Se, jonka lampussa palaa jatkuvasti Taivaallisen Isän muistamisen tuli ja joka noudattaa Jeesuksen ohjeita, on kristitty." Hän lisäsi: "Saatte itse päättää, pidättekö minua kristittynä vai ette."

· · ·

[1] Matt. 7:21.

"Huomaat, kuinka hyvä on tehdä työtä Herralle", Mestari sanoi auliille ja uutteralle oppilaalle. "Itsekeskeisyyden tunto, joka meissä on, on testi. Teemmekö työtä viisasta kyllä Herralle vai tyhmyydessämme vain itseämme varten?

"Suorittaessamme tekomme oikealla asenteella ymmärrämme, että Herra on ainoa Toimija: tämä tarkoittaa, että kaikki voima on jumalallista ja virtaa Ainoasta Olemuksesta, Jumalasta."

• • •

"Elämä on Jumalan suuri uni", Mestari sanoi.

"Jos se on vain unta, miksi tuska on niin todellista?" opiskelija kysyi.

"Kun unipään kolhii uniseinään, kokee unikipua", Paramahansaji selitti. "Unennäkijä ei ole tietoinen unen illuusiokudelmasta ennen kuin on herännyt unesta. Vastaavasti, ihminen ei ymmärrä luomakunnan kosmisen unen harhaluonnetta ennen kuin herää Jumalassa."

• • •

Mestari teroitti aktiivisen elämän ja meditaation tasapainoa.

"Työskentely Jumalalle – sen sijaan että toimisit vain itsellesi – on yhtä hyvää kuin meditaatio", hän sanoi. "Silloin työ auttaa meditaatiotasi ja meditaatio auttaa työtäsi. Tarvitset tasapainoa. Jos ainoastaan meditoit, sinusta tulee laiska. Jos ainoastaan toimit, mielesi kääntyy maailmalliseksi ja unohdat Jumalan."

• • •

"On kaunista ajatella, että Herra rakastaa meitä kaikkia yhtäläisesti", vierailija sanoi, "mutta tuntuu epäreilulta, että Hän välittäisi yhtä paljon syntisestä kuin pyhimyksestä."

"Onko jalokivi arvottomampi, jos se on mudan peitossa?"
Mestari vastasi. "Jumala näkee sielujemme muuttumattoman
kauneuden. Hän tietää, että me emme ole sama kuin virheemme."

. . .

Moni näyttää uhmaavan edistymistä pitäen parempana sy-
viksi tallattuja ajatus- ja toimintauria.
"Kutsun näitä ihmisiä 'psykologiseksi antiikiksi'", Mestari
sanoi oppilaille. "Älä ole yksi heistä, etteivät enkelit kuollessa-
si sano: 'Voi, täältä tulee antiikkia! Lähetetään hänet takaisin
maanpäälle.'" [1]

. . .

"Mikä erottaa toisistaan maailmallisen ja pahan ihmisen?"
eräs mies kysyi. Mestari sanoi:
"Useimmat ovat maailmallisia; vain harva on todella
paha. 'Maailmallinen' tarkoittaa, että joku hupsuudessaan pi-
tää tärkeinä joutavia asioita ja pysyttelee kaukana Jumalasta
tietämättömyyttään. Mutta 'paha' merkitsee, että joku kääntää
tietoisesti selkänsä Jumalalle; monikaan ei toimisi näin."

. . .

Uusi opiskelija piti mahdollisena omaksua Mestarin ope-
tukset vain tutkimalla niitä syvällisesti harjoittamatta meditaa-
tiota. Paramahansaji selitti hänelle:
"Totuuden oivalluksen täytyy kasvaa itsekunkin sisältä.
Sitä ei voi tuottaa oksastamalla."

. . .

[1] Ks. sanastoa: reinkarnaatio.

"Älkää surkutelko, vaikka ette näkisikään valoja tai kuvia meditaatiossa", Mestari selitti oppilaille. "Menkää syvään Autuuden kokemiseen; siinä löydätte Jumalan tosiasiallisen läsnäolon. Älkää etsikö osaa vaan Kokonaisuutta."

. . .

Eräs opiskelija, jonka Mestari oli initioinut *kriya*-joogaan, sanoi toiselle:

"En harjoita *kriyaa* päivittäin. Yritän säilyttää muiston siitä ilosta, jota koin käyttäessäni tuota tekniikkaa ensimmäisen kerran."

Kun Paramahansaji kuuli kertomuksen, hän nauroi ja sanoi: "Hän on kuin nälkäinen, joka kieltäytyy ruoasta huomauttaen: 'Ei kiitos. Yritän säilyttää sen tyydytyksen tunteen, jonka sain viime viikon ateriasta.'"

. . .

"Mestari, rakastan kaikkia", eräs oppilas sanoi.

"Sinun tulisi rakastaa vain Jumalaa", Paramahansaji vastasi.

Sama oppilas tapasi Gurun muutaman viikon kuluttua. Tämä kysyi: "Rakastatko muita?"

"Kohdistan rakkauteni vain Jumalaan", palvoja vastasi.

"Sinun tulisi rakastaa kaikkia tuolla samalla rakkaudella."

Hämmentynyt oppilas sanoi: "Sir, mitä tarkoitatte? Ensin sanotte, että kaikkien rakastaminen on väärin; sitten sanotte, että on väärin, jos suljen jonkun pois?"

"Sinua viehättää ihmisten persoonallisuus; se johtaa rajoittaviin sidonnaisuuksiin", Mestari selitti. "Jos todella rakastat Jumalaa, näet Hänet kaikissa kasvoissa ja silloin tiedät, mitä merkitsee kaikkien rakastaminen. Meidän ei tule palvoa muotoja ja egoja vaan jokaisessa piilevää Jumalaa. Yksin Hän antaa luomilleen elämän, viehätyksen ja yksilöllisyyden."

. . .

Oppilas ilmaisi halunsa miellyttää Mestaria. Paramahansaji vastasi:

"Olen onnellinen tietäessäni, että sinä olet onnellinen Jumalassa. Pidä ankkurisi Hänessä."

. . .

"Haluni löytää Jumala on hyvin intensiivinen", oppilas sanoi. Mestari vastasi:

"Tuo on suurin siunaus – tuntea Hänen vetovoimansa sydämessäsi. Se on Hänen tapansa sanoa: 'Olet leikkinyt jo liian kauan luomakuntani leluilla. Nyt tahdon sinut luokseni. Tule kotiin!'"

. . .

Jotkut Self-Realization-luostarikunnan munkit ja nunnat keskustelivat Paramahansajin kanssa kysymyksestä, mitä suhteellisia ansioita luostaripuvun pitämisellä on Jumalan etsinnässä. Mestari sanoi:

"Eivät vaatteenne ole tärkeitä vaan asenteenne. Tehkää sydämestänne luostari ja Jumalan rakastamisesta pukunne."

. . .

Selittäessään, kuinka typerää on oleskella huonossa seurassa, Mestari sanoi: "Jos kuorit valkosipulia tai kosketat mätää kananmunaa, käsiisi tarttuu pahaa hajua, jota joudut ahkerasti pesemään pois."

. . .

"Niin kauan kuin olemme uponneet kehotietoisuuteen

olemme kuin vieraassa maassa", Mestari sanoi. "Kotimaamme on Kaikkiallinen Läsnäolevuus."

• • •

Oppilasryhmä käveli Mestarin kanssa Encinitasin luostarin pihalla, josta avautuu näköala valtamerelle. Oli hyvin sumuista ja pimeää. Joku huomautti: "Kuinka kylmää ja synkkää onkaan!"

"Tämä on vähän kuin se ilmapiiri, joka ympäröi materialistisesti suuntautunutta ihmistä kuoleman hetkellä", Mestari sanoi. "Hän liukuu tästä maailmasta johonkin, joka tuntuu sakealta sumulta. Mikään ei ole hänelle kirkasta, ja hetken hän tuntee olevansa eksyksissä ja on peloissaan. Sen jälkeen hän siirtyy oman karmansa mukaan joko valoisaan astraalimaailmaan oppimaan hengellisiä läksyjään tai vajoaa horteeseen, kunnes oikealla karmisella hetkellä syntyy uudestaan maan päälle.

"Jumalaa rakastavan palvojan tajunta ei häiriinny tästä maailmasta seuraavaan siirtymisen aikana. Hän etenee luontevasti valon, rakkauden ja ilon valtakuntaan."

• • •

"Useimmat keskittyvät aineelliseen", Mestari sanoi. "Jos he ajattelevat lainkaan Jumalaa, he pyytävät Häneltä vain rahaa tai terveyttä. Ani harvoin he rukoilevat suurinta lahjaa: saada nähdä Hänen kasvonsa, saada tuntea Hänen kätensä elämää muuttava kosketus.

"Herra tietää ajatustemme kulun. Hän ei ilmaise itseään meille ennen kuin olemme luovuttaneet Hänelle viimeisenkin maailmallisen halumme, ennen kuin kukin meistä sanoo: 'Isä, ohjaa minua ja omista minut.'"

• • •

"Vaikka kääntäisit kompassia mihin suuntaan vain, sen neula osoittaa pohjoiseen", Mestari sanoi. "Näin on todellisen jooginkin laita. Hän voi uppoutua moniin ulkoisiin toimiin, mutta hänen mielensä on aina Jumalan parissa. Hänen sydämensä laulaa jatkuvasti: 'Jumalani, Jumalani, suloisista suloisin!'"

. . .

"Älkää odottako hengellistä kukkaa joka päivä elämänne puutarhaan", Mestari sanoi oppilasryhmälle. "Uskokaa, että Herra, jolle olette antautuneet, suo teille jumalallisen täyttymyksen oikeaan aikaan.

"Olette jo istuttaneet Jumalan haluamisen siemenen; kastelkaa sitä rukouksella ja oikealla toiminnalla. Kitkekää pois epäilyn, päättämättömyyden ja välinpitämättömyyden rikkaruohot. Kun jumalallisen oivalluksen versot ilmaantuvat, suojelkaa niitä antaumuksella. Eräänä aamuna löydätte Itseoivalluksen kukan."

. . .

Paramahansaji piti esitelmää oppilasryhmälle. Eräs heistä näytti seuraavan Gurun sanoja mutta antoikin ajatustensa vaeltaa muualle. Kun tuli aika toivottaa hyvää yötä, Paramahansaji huomautti hänelle:
"Mieli on kuin hevonen; on hyvä sitoa se, ettei se karkaa."

. . .

Monet eivät käsitä hengellisiä totuuksia ja vastustavat sitä apua, jota viisas olisi innokas heille antamaan. Epäluuloisina he torjuvat hänen ohjeensa. Eräänä päivänä Paramahansaji huokasi:
"Ihmiset ovat kovin taitavia tietämättömyydessään!"

. . .

Uusi innokas opiskelija odotti nopeita tuloksia kuin taikasauvasta ja oli pettynyt, kun viikon meditaatioponnistelun jälkeen ei voinut huomata merkkiä Jumalan läsnäolosta itsessään. "Jos et löydä helmeä yhdellä tai kahdella sukelluksella, älä syytä valtamerta; etsi vikaa omasta sukelluksestasi", Mestari sanoi. "Et ole vielä sukeltanut tarpeeksi syvälle."

. . .

"Harjoittamalla meditaatiota", Mestari sanoi, "huomaat kuljettavasi sydämessäsi kannettavaa paratiisia."

. . .

Mestari oli monin tavoin lempeistä lempein, mutta asiaan kuuluvissa tilanteissa hän saattoi olla jyrkkä. Oppilas, joka oli nähnyt vain Paramahansajin pehmeän puolen, alkoi laistaa velvollisuuksistaan. Guru moitti häntä terävästi. Nähdessään hämmästystä nuoren miehen silmissä tästä odottamattomasta kurista Mestari sanoi:
"Kun sinä unohdat sen korkean päämäärän, jonka takia olet täällä, minä muistan hengellisen velvollisuuteni korjata sinun virheesi."

. . .

Guru painotti ehdottoman vilpittömyyden tärkeyttä suhteessa Jumalaan. Hän sanoi:
"Herraa ei voi lahjoa seurakunnan koolla, kirkon rikkaudella tai hyvin suunnitelluilla saarnoilla. Jumala tulee vain sydänten alttareille, jotka on puhdistettu antaumuksen kyynelin ja valaistu rakkauden kynttilöin."

• • •

Palvojaa ahdisti, koska hänen oppilastoverinsa näyttivät edistyvän hengellisesti paremmin kuin hän. Mestari sanoi:
"Sinä suuntaat silmäsi isoon tarjoiluvatiin etkä omalle lautasellesi miettien mitä et saanut, sen sijaan että huomaisit, mitä sinulle on annettu."

• • •

Mestari sanoi usein totuuden etsijöiden isosta perheestään:
"Jumalallinen Äiti lähetti minulle kaikki nämä sielut, jotta joisin Hänen rakkautensa nektaria monien sydänten maljoista."

• • •

Eräs oppilas oli kiinnostunut Gurun sanoman leviämisestä ja oli innoissaan aina kun Hollywoodin Self-Realization-temppelin osallistujamäärä oli erityisen suuri. Mutta Paramahansaji sanoi:
"Kauppias panee tarkasti merkille, kuinka moni käy hänen kaupassaan. Tuolla tavalla en koskaan ajattele kirkostamme. Iloitsen 'sielujen joukosta', kuten usein sanon, mutta annan ystävyyteni ehdoitta kaikille riippumatta siitä tulevatko he tänne vai eivät."

• • •

Oppilaalle, joka oli menettänyt rohkeutensa, Mestari sanoi:
"Älä ole negatiivinen. Älä koskaan sano, että et edisty. Kun ajattelet: 'En voi löytää Jumalaa', sinä itse tuomitset itsesi. Ei kukaan muu pidä sinua loitolla Jumalasta."

• • •

"Mestari, kertokaa minulle, mitä rukousta minun tulisi käyttää, jotta vetäisin nopeimmin puoleeni jumalallisen Rakastettuni", hindupalvoja pyysi. Paramahansaji vastasi: "Anna Jumalalle rukouksen jalokivet, jotka lepäävät syvällä oman sydämesi kaivoksessa."

* * *

Mestari, joka oli aina avokätinen antaen pois sen, mitä hänelle oli annettu, sanoi kerran: "En usko hyväntekeväisyyteen." Huomatessaan hämmästyksen oppilaiden kasvoilla hän lisäsi: "Hyväntekeväisyys alistaa ihmisiä. Viisauden jakaminen muiden kanssa, niin että he pystyvät auttamaan itse itseään, on suurempaa kuin mikään aineellinen lahja."

* * *

"Huonon tottumuksen voi muuttaa nopeasti", Mestari sanoi oppilaalle, joka oli pyytänyt hänen apuaan.
"Tottumus on mielen keskittymisen tulos. Olet ajatellut tavalla, josta on seurannut tuo tottumus. Muodostaaksesi uuden hyvän tavan keskity vain päinvastaiseen suuntaan."

* * *

"Kun olet oppinut olemaan onnellinen *nykyhetkessä*, olet löytänyt oikean tien Jumalaan", Mestari sanoi oppilasryhmälle.
"Vain ani harvat elävät näin ollen nykyhetkessä", eräs oppilaista huomautti.
"Totta", Paramahansaji vastasi. "Useimmat elävät ajatuksissaan menneessä tai tulevassa."

* * *

Paramahansa Yogananda puhuu Self-Realization Fellowshipin Lake Shrinen ja Gandhin maailmanrauhan muistomerkin vihkimistilaisuudessa; Pacific Palisades, Kalifornia, 1950.

Monia pettymyksiä kokenut opiskelija alkoi menettää uskoaan Jumalaan. Mestari sanoi hänelle:
"Juuri silloin kun Jumalallinen Äiti lyö sinua kovimmin, sinun tulee tarrautua lujasti Hänen hameeseensa."

. . .

Puhuessaan juoruilun paheesta Mestari kertoi oppilasryhmälle:
"Gurullani Sri Yukteswarilla oli tapana sanoa: 'Jos asia on sellainen, että en saata kertoa sitä kaikille, en halua kuulla sitä.'"

. . .

"Herra loi sekä ihmisen että *mayan*", Mestari sanoi. Harhatilat – viha, ahneus, itsekkyys jne. – ovat Hänen keksintöään, eivät meidän. Hän on vastuussa siitä, että suunnitteli testejä elämän estekilpailuun.
"Intialainen suuri pyhimys rukoili usein näin: 'Taivaallinen Isä, en pyytänyt tulla luoduksi, mutta koska loit minut, ole hyvä ja vapauta minut Sinun Hengelläsi.' Jos rakastaen puhut Jumalalle tällä tavalla, Hänen täytyy ottaa sinut Kotiin."

. . .

"Älä innostu sellaisten tuttaviesi ylistyksestä, jotka eivät todella tunne sinua", Mestari sanoi. "Pyydä mieluummin todellisten ystäviesi mielipidettä – niiden, jotka auttavat sinua edistymään ja jotka eivät koskaan imartele tai peitä puutteitasi. Aitojen ystävien vilpittömyyden kautta Jumala ohjaa sinua."

. . .

Kaksi opiskelijaa tuli yhdessä Mount Washington

-keskukseen saadakseen opastusta. Muut pitivät heitä suuressa arvossa. Lyhyen ajan kuluttua nuo kaksi kuitenkin lähtivät pois. Mestari sanoi luostariasukkaille:

"Heidän tekonsa tekivät teihin vaikutuksen, mutta minä tarkkailin heidän ajatuksiaan. Sisäisesti he olivat villiintyneitä, vaikka seurasivat ulkonaisesti kaikkia sääntöjä. Hyvä käytös ei kestä kauan, ellei omaksu oikeita mielen puhdistamistapoja."

. . .

Eräs mies tunsi syvää kiintymystä Paramahansajiin mutta ei seurannut tämän ohjeita. Mestari sanoi:

"En voi olla tyytymätön häneen, sillä vaikka hän tekee monia virheitä, hänen sydämensä kaipaa kiihkeästi Jumalaa. Jos hän sallisi, ohjaisin hänet nopeasti Taivaalliseen Kotiin; sinne hän silti aikanaan pääsee. Hän on cadillac, joka on juuttunut mutaan."

. . .

Tyytymättömälle opiskelijalle Mestari sanoi:

"Älä epäile, tai Jumala ajaa sinut pois luostarista. Niin monet tulevat tänne odottaen ihmeitä. Mutta mestarit eivät esittele voimiaan, joita Jumala on heille antanut, ellei Hän käske heitä siihen. Useimmat eivät ymmärrä, että suurin ihme olisi heidän oman elämänsä muuttuminen, jos he seuraisivat nöyrästi Hänen tahtoaan."

. . .

"Jumala lähetti teidät tänne tarkoituksella", Mestari sanoi. "Toimitteko tuon tarkoituksen mukaisesti? Tulitte maan päälle täyttääksenne jumalallisen tehtävän. Oivaltakaa, kuinka valtavan tärkeä se on! Älkää antako ahtaan egon estää teitä saavuttamasta ääretöntä tavoitetta."

* * *

Oppilas selitti hengellisen edistymisen puutettaan sillä, että hänen oli vaikea voittaa virheitään.

Oivaltaen intuitiivisesti syvällisemmän syyn Paramahansaji sanoi:

"Herra ei pane pahakseen virheitäsi. Hän panee pahakseen välinpitämättömyytesi."

* * *

Kun Mestari oli vuonna 1923 lähdössä Bostoniin aloittamaan mantereen halki ulottuvan matkansa levittääkseen Self-Realization Fellowshipin opetuksia, eräs oppilas huomautti:

"Sir, olen tunteva itseni avuttomaksi ilman teidän hengellistä ohjaustanne." Mestari vastasi:

"Älä nojaa minuun. Nojaa Jumalaan."

* * *

Luostariasukkaille, jotka vierailivat usein vanhojen ystäviensä luona viikonloppuisin, Mestari sanoi:

"Tulette levottomiksi ja tuhlaatte aikaanne. Tulitte tänne löytääksenne Jumalan, ja nyt petätte itseänne unohtamalla Päämääränne. Miksi etsitte ulkopuolisia huvituksia? Löytäkää Herra ja tajuatte, mitä paitsi olette olleet!"

* * *

Kaksi nuorta oppilasta oli usein toistensa seurassa luostarissa. Mestari sanoi heille:

"On rajoittavaa olla kiintynyt vain yhteen tai vain

muutamaan henkilöön sulkien pois kaikki muut. Sellainen elämäntapa estää universaalin myötätunnon kasvua. Teidän tulisi laajentaa tunteidenne valtakunnan rajoja. Sirotelkaa rakkauttanne kaikkialle, kaikessa olevaan Jumalaan."

. . .

Käyskennellessään eräänä iltana oppilasryhmän kanssa ja katsoessaan tähtiä Mestari sanoi:
"Jokainen teistä koostuu monista pienistä tähdistä – atomien tähdistä! Jos elämänvoimanne vapautuisi egostanne, olisitte tietoisia koko universumista. Suuret palvojat tuntevat kuollessaan tajuntansa laajenevan äärettömään avaruuteen. Se on kaunis kokemus."

. . .

San Diegon Self-Realization-temppelin seurakunnalle Mestari sanoi:
"Antakaa kirkon muistuttaa teitä teidän omasta sisäisestä katedraalistanne, jonne teidän tulisi astua illan pimeydessä ja aamun koittaessa. Siellä voitte kuunnella mahtavaa *Aum*-urkumusiikkia ja kuulla siinä jumalallisen viisauden saarnan.

. . .

Eräänä iltana Mestarin istuessa juttelemassa oppilaiden kanssa hän sanoi:
"Omistukset eivät merkitse minulle mitään, mutta ystävyys on hyvin arvokasta. Todellisessa ystävyydessä saa kokea häivähdyksen kaikkien Ystävien Ystävästä." Hetken kuluttua hän jatkoi: "Älä koskaan ole väärämielinen ystävää kohtaan äläkä petä ketään. Sellainen on yksi suurimmista synneistä Jumalallisen Oikeusistuimen edessä."

. . .

Paramahansaji oli lähdössä Mount Washingtonin keskuksesta pitämään luentoa, mutta pysähtyi hetkeksi puhumaan erään oppilaan kanssa. Mestari sanoi:
"On hyvä pitää mentaalista päiväkirjaa. Ennen kuin paneudut iltaisin sänkyyn, istu vähän aikaa ja käy läpi päiväsi. Pane merkille, mitä sinusta on tulossa. Pidätkö elämäsi suunnasta? Jos et, muuta sitä."

. . .

Mestarille lahjoitettiin televisio. Se sijoitettiin huoneeseen, jossa oppilaat saattoivat katsoa sitä. He menivät huoneeseen niin usein, että Mestari sanoi heille:
"Niin kauan kuin ette ole löytäneet Jumalaa, on parempi että ette ole kiinnostuneet huvituksista. Etsiessänne ajanvietettä unohdatte Hänet. Oppikaa ensin rakastamaan Häntä ja tuntemaan Hänet. Sen jälkeen ei ole väliä mitä teette, sillä Hän ei ole koskaan pois ajatuksistanne."

. . .

"Aisti-iloihin uppoamisesta seuraa kyllästyminen ja inho", Mestari sanoi. "Tällaiset alinomaiset kaksinaisuuden leimaamat kokemukset tekevät ihmisen mielialoiltaan ailahtelevaksi ja epäluotettavaksi. Vastakohtaisuudet luonnehtivat *mayaa* eli harhaa. Kun palvoja meditoi Jumalaa, Ainoaa Ykseyttä, hänen mielestään häviävät mielihyvän ja tuskan vuorottelevat aallot."

. . .

"Mestari, kun olen vanhempi ja olen nähnyt enemmän elämää, luovun kaikesta ja etsin Jumalaa. Juuri nyt on liian paljon sellaista, mitä tahdon tietää ja kokea", opiskelija sanoi.

Hänen lähdettyään luostarista Paramahansaji huomautti:
"Hän uskoo yhä, että seksi on rakkautta ja tavarat rikkautta. Hänestä tulee kuin mies, jonka vaimo on jättänyt ja jonka talo on palanut. Miettiessään menetyksiään hän päättää 'luopua kaikesta'. Herra ei ole kovin vaikuttunut sellaisesta 'luopumisesta'. Oppilas, joka juuri jätti koulutuksensa täällä, ei ole halukas 'luopumaan kaikesta' ennen kuin hänellä ei ole mitään aineellista, josta luopua."

. . .

"Tuskinpa on käytännöllistä ajatella Jumalaa kaiken aikaa", eräs vierailija huomautti. Mestari vastasi:

"Maailma on kanssasi samaa mieltä, mutta onko maailma onnellinen paikka? Todellinen onnellisuus väistää ihmistä, joka hylkää Jumalan, sillä Hän on Autuus Itse. Hänen palvojansa elävät maan päällä sisäisessä rauhan taivaassa, mutta ne jotka unohtavat Hänet, viettävät päivänsä omatekoisessa turvattomuuden ja pettymysten haadeksessa. Ystävystyminen Herran kanssa on todella käytännöllistä!"

. . .

Paramahansaji pyysi erästä oppilasta matkustamaan Self-Realization-erakkolaan autiomaahan suorittamaan työtehtäviä. Oppilas lähti sinne vastentahtoisesti huolestuneena velvoitteistaan, jotka jäivät häneltä Mount Washingtonin keskukseen.

"Uuden työsi autiomaaerakkolassa tulisi nyt olla ainoana tehtävänä mielessäsi", Mestari sanoi hänelle. "Älä takerru mihinkään. Hyväksy muutokset rauhallisesti, ja täytä tielläsi tulevat velvollisuudet jumalallisen vapauden hengessä.

"Jos Jumala sanoisi minulle tänään: *Tule kotiin!*, jättäisin tänne taakseni vilkaisematta kaiken – järjestön, rakennukset, suunnitelmat, ihmiset – ja kiiruhtaen tottelisin Häntä. Maailmasta huolehtiminen on Hänen vastuullaan. Hän on Tekijä, et sinä enkä minä." [1]

∙ ∙ ∙

"Guruji", oppilas kysyi, "jos voisitte kääntää aikaa taaksepäin hetkeen, jolloin mestarinne pyysi teitä ryhtymään järjestötyöhön, hyväksyisittekö tehtävän iloisesti vaikka tietäisitte, kuten nyt tiedätte, minkä taakan sitä ottaa kantaessaan vastuuta monista?"

"Kyllä, tuollainen työ opettaa epäitsekkyyttä."

∙ ∙ ∙

Paramahansajille esitettiin usein ikivanha kysymys, miksi Jumala sallii kärsimystä. Hän vastasi pitkämielisesti selittäen:

"Kärsimys johtuu vapaan tahdon väärästä käyttämisestä. Jumala on antanut meille vallan hyväksyä tai hylätä Hänet. Hän ei halua meidän kohtaavan onnettomuutta mutta ei puutu asioihin, jos valitsemme kurjuuteen johtavat teot.

"Ihmiset eivät ota opiksi pyhimysten viisaudesta vaan odottavat vaikeuksiin jouduttuaan erikoisten olosuhteiden tai ihmeiden pelastavan heidät. Herra pystyy mihin vain, mutta Hän tietää, ettei ihmisiä saa rakastamaan ja toimimaan oikein ihmeiden avulla.

"Jumala on lähettänyt meidät maailmaan lapsinaan ja tuossa jumalallisessa roolissa meidän on palattava Hänen luokseen. Ainoa tie yhdistyä jälleen Jumalaan on oman tahtonne käyttäminen. Ei mikään muu mahti maan päällä tai taivaassa voi tehdä sitä puolestanne. Mutta kun pyydätte sielunne pohjasta,

---

[1] Ks. sanastoa: ego.

Jumala lähettää teille gurun ohjaamaan teitä tuskan erämaasta Kotinsa ikuiseen iloon.

"Jumala on antanut teille vapaan tahdon, joten Hän ei voi toimia diktaattorina. Vaikka Hän on kaikkivoimainen Mahti, Hän ei järjestä teitä vapaaksi kärsimyksestä, jos olette valinneet pahuuden teot. Onko oikeamielistä odottaa Hänen poistavan taakkanne, jos ajatuksenne ja tekonne ovat Hänen lakiensa vastaisia? Onnellisuuden salaisuus piilee Hänen eettisten ohjeidensa seuraamisessa, sellaisten ohjeiden, joita Hän on antanut Kymmenessä käskyssä."

• • •

Paramahansaji varoitti usein oppilaita hengellisen tyhjäkäynnin vaaroista. "Minuutit ovat tärkeämpiä kuin vuodet", hänellä oli tapana sanoa. "Jos ette täytä elämänne minuutteja Jumala-ajatuksin, vuodet vierähtävät ohi, ja kun tarvitsisitte Häntä eniten, ette ehkä pystykään tuntemaan Hänen läsnäoloaan. Mutta jos täytätte elämänne minuutit hengellisillä pyrkimyksillä, vuodet täyttyvät niillä automaattisesti."

• • •

Muinaisessa Intiassa sanaa *guru* käytettiin vain Kristuksen kaltaisista mestareista, jotka pystyvät välittämään oppilaille jumalallisen oivalluksen. Oppilaat olivat vastaanottavaisia pyhän johdattajansa koulutukselle, koska seurasivat sitä ehdottomalla kuuliaisuudella, kuten uskonnollisissa kirjoituksissa neuvottiin. Länsimaalaiset vastustivat joskus tuollaista vapaaehtoista henkilökohtaisen vapauden alistamista toisen tahtoon, mutta Mestari sanoi:

"Kun on löytänyt gurunsa, häntä kohtaan tulee olla ehdottoman antautuva, sillä hän on Jumalan väline. Gurun ainoa tavoite on johdattaa oppilas Itse-oivallukseen; sen rakkauden, jota guru oppilaalta saa, hän antaa Jumalalle. Guru pystyy opettamaan nopeammin sellaista kilvoittelijaa, joka on virittäytynyt yhteen hänen kanssaan kuin sellaista, joka vastustaa häntä. "En minä ole johtajanne vaan palvelijanne. Olen kuin pöly jalkojenne juuressa. Näen Jumalan ilmenevän teissä ja kumarran teille kaikille. Haluan vain kertoa teille siitä suuresta ilosta, jota tunnen Hänessä. Minulla ei ole mitään henkilökohtaista kunnianhimoa, mutta tahdon mitä innokkaimmin jakaa hengellisen iloni kaikkien maan päällä elävien ihmisten kanssa."

• • •

Puhuessaan luostariasukkaille Sri Yogananda sanoi: "Hengellinen elämä tekee ihmisestä pienen lapsen kaltaisen – ei vastustusta, ei takertumista, täynnä elämää ja iloa. Älä anna minkään loukata tai järkyttää sinua. Ole hiljaa sisäisesti, ole avoin Jumalalliselle Äänelle. Käytä vapaa aikasi meditaatioon.

"En ole koskaan kokenut mitään maallista nautintoa yhtä suureksi kuin *kriya*-joogan suomaa hengellistä iloa. En vaihtaisi tätä edes kaikkiin lännen mukavuuksiin tai kaikkeen maailman kultaan. *Kriya*-joogan avulla olen voinut kantaa onnellisuutta aina mukanani."

• • •

Mestari käytti monia unohtumattomia sanakuvia elävöittääkseen hengellisiä opetuksia. "Elämä on tällaista", hän kerran huomautti. "Olet valmistanut piknik-päivällisen ja äkkiä karhu saapuu paikalle ja kaataa pöydän ja sinun on juostava pois. Ihmiset elävät elämäänsä tuolla tavalla: he työskentelevät saadakseen vähän iloa ja turvallisuutta; sitten sairauden karhu tulee, heidän sydämensä pysähtyy ja he kuolevat.

"Miksi elää tuollaisessa epävarmuudessa? Epäolennaiset asiat ovat saaneet elämässäsi tärkeimmän sijan. Sallit monien toimien viedä aikaasi ja orjuuttaa itseäsi. Kuinka monet vuodet ovat kuluneet tällä tavalla? Miksi antaisit jäljellä olevan elämän vierähtää pois ilman että edistyisit hengellisesti. Jos päätät tänään, että et salli esteiden pysäyttää sinua, sinulle annetaan voimaa ylittää ne."

• • •

"Laiska ei koskaan löydä Jumalaa", Mestari sanoi. Tyhjästä mielestä tulee paholaisen työpaja. Olen nähnyt monia *sannyasineitä* [munkkeja], jotka luopuivat työn teosta, mutta heistä ei tullut muuta kuin kerjäläisiä. Sen sijaan ne, jotka työskentelevät elantonsa puolesta odottamatta työn hedelmiä haluten vain Herraa, ovat todellisia luopujia. Sellaista luopumista on hyvin vaikea harjoittaa, mutta jos rakastat Jumalaa niin paljon, että teet kaiken vain miellyttääksesi Häntä, olet vapaa.

"Kun ajattelet: 'Teen työtä vain Jumalalle', rakkautesi kasvaa niin suureksi, ettei sinulla ole mielessäsi muita ajatuksia, muita tavoitteita, kuin palvella ja palvoa Häntä."

• • •

"Näe Jumalan alttari tähdissä, maassa ja tunteittesi sykkeen taustalla", Mestari sanoi. "Hän, laiminlyöty Todellisuus, kätkeytyy kaikkeen. Jos seuraat tätä polkua uskollisesti ja meditoit säännöllisesti, näet Hänet ikuisuuteen ulottuvassa valon kultakaavussa. Jokaisen ajatuksen taustalla koet Hänen autuaallisen läsnäolonsa.

"Jumalasta ei pidä vain puhua. Monet ovat puhuneet Hänestä; monet ovat pohtineet Häntä; monet ovat lukeneet Hänestä. Mutta vain harva on maistanut Hänen iloaan. Vain nuo harvat tuntevat Hänet. Ja kun sinä tunnet Hänet, et enää seiso syrjässä palvoen Häntä vaan tulet yhdeksi Hänen kanssaan. Silloin myös sinä voit sanoa, kuten Jeesus ja kaikki muut

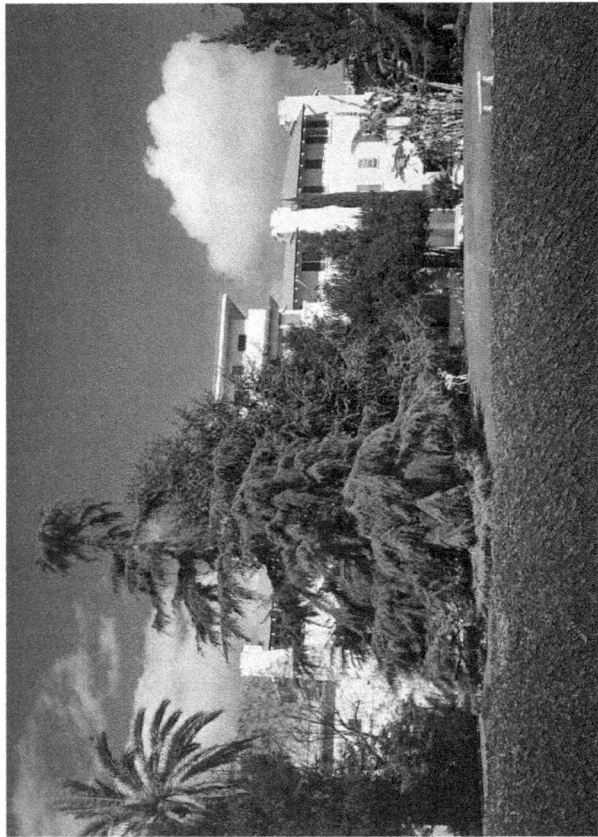

Self-Realization Fellowship/Yogoda Satsanga Society of India -järjestön kansainvälinen päämaja; Mount Washington, Los Angeles, Kalifornia.

mestarit ovat sanoneet: 'Minä ja Isäni olemme yhtä.'"

• • •

Mestari sanoi: "Sukeltamalla syvälle hengellisen silmäsi [1] läpi näet neljänteen ulottuvuuteen [2], joka hehkuu sisäisen maailman ihmeitä. Sinne on vaikea päästä, mutta kuinka kaunista siellä onkaan!

"Älä tyydy meditaation tuomaan vähäiseen rauhaan, vaan kaipaa yhä vain Hänen autuuttaan. Päivin ja öin toisten nukkuessa tai käyttäessä energiansa halujensa tyydyttämiseen sinun tulisi kuiskata: 'Herrani, Herrani, Herrani!' Ja aikanaan Hän murtautuu pimeyden läpi ja sinä tunnet Hänet. Tämä maailma on ruma paikka verrattuna Hengen suloiseen valtakuntaan. Poista jumalallisen oivalluksen tiellä olevat esteet päättäväisyydellä, antaumuksella ja uskolla."

• • •

"Joulun aikaan ilmassa on vahvaa Kristus-tietoisuuden värähtelyä", Mestari sanoi. "Ne, jotka ovat virittäytyneet tähän jumalalliseen värähtelyyn antaumuksen ja syvän tieteellisen meditaation avulla, saavat vastaanottaa sitä. Uskontokunnasta riippumatta jokaiselle on äärimmäisen tärkeää kokea itsessään tämä universaalin Kristuksen 'syntymä'.

"Kosmos on hänen kehonsa. Siinä on kaikkialla läsnä Kristus-tietoisuus. Jos voit sulkea silmäsi ja meditaatiolla laajentaa tietoisuuttasi niin että tunnet koko universumin omana kehonasi, Kristus on syntynyt sinussa. Kaikki tietämättömyyden pilvet häviävät, kun näet suljettujen silmiesi pimeyden takana jumalallisen kosmisen valon.

[1] Ks. sanastoa.
[2] Ks. sanastoa: astraalimaailmat.

"Kristusta tulisi palvoa totuudessa: ensin hengessä meditaation avulla, ja sitten muodoissa näkemällä hänen läsnäolonsa jopa aineellisessa maailmassa. Sinun tulisi mietiskellä Kristuksen tulemisen todellista merkitystä ja tuntea antaumuksesi magneetin vetävän hänen tajuntaansa itseesi. Tämä on joulun todellinen tarkoitus."

• • •

Tasapaino on Paramahansajin opetusten avainsana. "Jos harjoitat meditaatiota syvästi, mielesi kääntyy yhä intensiivisemmin Jumalan puoleen", hän sanoi. "Sinun ei kuitenkaan pidä laiminlyödä velvollisuuksiasi, joita sinulla on maailmassa. Kun opit suorittamaan tehtäväsi rauhallisin mielin, voit tehdä ne entistä nopeammin, keskittyneemmin ja tehokkaammin. Huomaat, että mitä tahansa teetkin, teet sen jumalallisen tietoisuuden vallassa. Tähän tilaan pääset vain jos meditoit syvästi ja pidät mielesi kurissa niin, että se kääntyy Jumalan puoleen heti kun olet suorittanut velvollisuutesi ja teet ne ajatellen palvelevasi yksin Häntä."

• • •

"Katumus ei tarkoita airoastaan pahoillaan oloa vääryyksistä, joita on tehnyt, vaan tulee myös pidättäytyä uusimasta tuollaisia tekoja", Mestari sanoi. "Kun kadut aidosti, päätät hylätä pahuuden. Sydän on usein sangen kova; sitä ei helposti kosketa mikään. Pehmitä sitä rukouksella. Silloin saat jumalallista siunausta."

• • •

"Ohjaudu viisaudesta käsin", Mestari sanoi. "Aikaisemmat väärät tekosi ovat jättäneet mieleesi siemeniä. Jos poltat nuo siemenet viisauden tulella, ne 'paahtuvat' eli muuttuvat tehottomiksi. Et vapaudu ennen kuin olet polttanut menneisyydessä suorittamiesi tekojen siemenet viisauden ja meditaation tulella. Jos tahdot tuhota aikaisempien tekojesi huonot vaikutukset, meditoi. Sen, mitä olet tehnyt, voit purkaa. Jos et etene hengellisesti yrityksistä huolimatta, sinun tulee koettaa yhä uudestaan. Kun nykyiset ponnistuksesi tulevat voimakkaammiksi kuin aikaisempien tekojesi karma, olet vapaa."

. . .

Eräässä esitelmässään Paramahansaji sanoi: "Kristus käski jokaista meistä: 'Rakasta lähimmäistä niin kuin itseäsi.' Mutta ilman sielun tietoa, välitöntä oivallusta, että kaikki ihmiset ovat tosiaankin 'sinä itse', et pysty noudattamaan Kristuksen käskyä. Minulle ei ole olemassa ihmisten välisiä eroja, koska näen jokaisen Jumalan lapsena. En voi ajatella ketään vieraana.

"Kerran New Yorkissa kolme ryöväriä piiritti minut. Sanoin: 'Tahdotteko rahaa? Ottakaa!', ja ojensin lompakkoani. Olin ylitietoisuuden tilassa. Miehet eivät tarttuneet lompakkooni. Lopulta yksi heistä sanoi:

'Anteeksi. Emme voi tehdä näin.' He juoksivat pois.

"Eräänä toisena iltana New Yorkissa, lähellä Carnegie Hallia, jossa olin juuri pitänyt esitelmän, luokseni tuli aseistettu mies. Hän sanoi:

"'Tajuatteko, että voin ampua teidät?'

"'Miksi?' kysyin rauhallisesti. Mieleni oli kiinnittyneenä Jumalaan.

"'Puhutte demokratiasta.' Hän oli ilmeisesti mentaalisesti häiriintynyt. Seisoimme hetken hiljaa, sitten hän sanoi:

"'Antakaa anteeksi. Olette hävittänyt pahuuteni.' Hän juoksi katua poispäin nopeasti kuin kauris.

"Ne, jotka ovat virittäytyneet yhteen Jumalan kanssa, voivat muuttaa ihmisten sydämet."

. . .

"Maailman väittäminen uneksi ilman, että yrittäisi saavuttaa tämän totuuden välitöntä oivallusta meditaation avulla, voi johtaa fanaattisuuteen", Mestari sanoi. "Viisas ymmärtää, että vaikka maanpäällinen elämä on unta, siihen sisältyy unikärsimystä. Hän omaksuu tieteellisiä menetelmiä herätäkseen unesta."

. . .

Self-Realization Fellowshipin päämajan kappelia korjattaessa eräs oppilas ehdotti, että kuoriin sijoitettaisiin ikuiseksi kynttiläksi nimitetty lamppu, jonka Paramahansaji sytyttäisi.

Mestari sanoi: "Tahtoisin mieluummin ajatella, että se Jumalan rakkauden lamppu, jonka olen sytyttänyt sydämiinne, on ikuinen. Muuta valoa ei tarvita."

. . .

Vuoden 1951 aikana Parahansaji vihjasi usein, ettei hänen jäljellä oleva aikansa maan päällä olisi pitkä.

Huolestunut oppilas kysyi häneltä: "Sir, kun emme enää voi nähdä teitä, oletteko yhä yhtä läheinen kuin nyt?"

Mestari hymyili rakastettavasti ja sanoi:

"Niille, jotka pitävät minua läheisenä, olen läheinen."

PARAMAHANSA YOGANANDA:
JOOGI ELÄMÄSSÄ JA KUOLEMASSA

Paramahansa Yogananda siirtyi *mahasamadhiin* (joogin lopullinen, tietoinen poistuminen kehosta) Los Angelesissa maaliskuun seitsemäntenä päivänä vuonna 1952 lopetettuaan puheensa Intian suurlähettilään Binay R. Senin kunniaksi pidetyillä illallisilla.

Suuri maailmanopettaja osoitti joogan (tieteellisten Jumalayhteyteen johtavien tekniikoiden) arvon – sekä elämässään että kuolemassaan. Viikkoja poismenonsa jälkeen hänen samanlaisina pysyneet kasvonsa loistivat muuttumatonta jumalallista hohdetta.

Harry T. Rowe, losangelesilaisen Forest Lawn Memorial-Park -hautausmaan johtaja – suuren mestarin ruumis on tilapäisesti sijoitettu tuolle hautausmaalle – lähetti Self- Realization Fellowshipille notaarin vahvistaman kirjeen. Seuraavat otteet ovat siitä:

"Se, että kaikki näkyvät hajoamisen merkit puuttuivat Paramahansa Yoganandan kuolleesta ruumiista, on kokemuksemme mukaan mitä erikoisin tapaus. – – Hänen ruumiissaan ei ollut havaittavissa fyysisen hajoamisen merkkejä edes kahdenkymmenen päivän kuluttua kuolemasta. – – Hänen iholla ei ollut merkkejä homeesta, eikä ruumiin kudoksissa tapahtunut havaittavaa kuivumista. Tällainen ruumiin täydellisen ennallaan säilymisen tila on, sikäli kuin me tiedämme, ainutlaatuinen. – – Vastaanottaessaan Yoganandan ruumiin henkilökuntamme odotti näkevänsä arkun lasikannen läpi tavanomaiset ruumiin hajoamisen merkit. Hämmästyksemme kasvoi, kun päiviä kului eikä tarkkailun kohteena olevassa ruumiissa tapahtunut mitään muutoksia. Yoganandan ruumis oli selvästikin ilmiömäisessä muuttumattomuuden tilassa. – –

Mitään kehon hajoamisesta aiheutuvaa hajua ei tuntunut missään vaiheessa. – – Yoganandan ulkomuoto maaliskuun 27:ntenä, kun arkun pronssikansi laskettiin paikoilleen, oli sama kuin se oli ollut maaliskuun 7:ntenä. Hän näytti maaliskuun 27:ntenä yhtä raikkaalta ja muuttumattomalta kuin oli ollut kuolemansa iltana. Maaliskuun 27:ntenä ei ollut syytä sanoa, että hänen ruumiissaan olisi tapahtunut minkäänlaista näkyvää hajoamista. Näistä syistä toteamme uudelleen, että Paramahansa Yoganandan tapaus on kokemuksemme mukaan ainutlaatuinen."

Self-Realization Fellowshipin
PÄÄMÄÄRÄT JA IHANTEET

Määritellyt Paramahansa Yogananda, perustaja
Sri Mrinalini Mata, presidentti

Levittää kansojen keskuuteen tietoa täsmällisistä tieteellisistä tekniikoista, joiden avulla voidaan saavuttaa suora henkilökohtainen kokemus Jumalasta.

Opettaa, että elämän tarkoitus on ihmisen omien ponnisteluiden kautta tapahtuva kehitys rajallisesta kuolevaisen tietoisuudesta Jumala-tietoisuuteen ja tätä varten perustaa kaikkialle maailmaan Self-Realization Fellowshipin temppeleitä, joissa voidaan harjoittaa jumalayhteyttä, sekä kehottaa ihmisiä perustamaan Jumalan temppeleitä omiin koteihinsa ja sydämiinsä.

Tuoda julki alkuperäisen, Jeesuksen Kristuksen opettaman kristinuskon sekä alkuperäisen, Bhagavan Krishnan opettaman joogan välinen täydellinen harmonia ja perustavanlaatuinen ykseys ja osoittaa, että nämä totuuden periaatteet ovat kaikkien tosi uskontojen yhteinen tieteellinen perusta.

Näyttää se jumalallinen valtatie, jolle kaikkien tosi uskontojen tiet lopulta johtavat: päivittäisen tieteellisen ja antaumuksellisen meditaation valtatie.

Vapauttaa ihminen hänen kolminkertaisesta kärsimyksestään: kehon sairauksista, mielen tasapainottomuudesta ja hengellisestä tietämättömyydestä.

Edistää yksinkertaista elämää ja syvällistä ajattelua; levittää kansojen keskuuteen veljeyden henkeä opettamalla niiden ykseyden ikuista perustaa: että ne kaikki ovat Jumalan sukua.

Osoittaa, että mieli hallitsee kehoa ja sielu mieltä.

Voittaa paha hyvällä, suru ilolla, julmuus ystävällisyydellä, tietämättömyys viisaudella.

Yhdistää tiede ja uskonto niiden perimmäisten periaatteiden ykseyden oivaltamisen kautta.

Edistää idän ja lännen keskinäistä kulttuurista ja hengellistä ymmärrystä ja kummankin parhaiden ominaispiirteiden keskinäistä vaihtoa.

Palvella ihmiskuntaa omana laajempana Itsenä.

SELF-REALIZATION FELLOWSHIPIN JULKAISUJA

Saatavana kirjakaupoista tai suoraan kustantajalta:
Self-Realization Fellowship
3880 San Rafael Avenue
Los Angeles, California 90065-3219, U.S.A.
Puh +1 323 225-2471 • Fax +1 323 225-5088
www.yogananda-srf.org

Paramahansa Yoganandan suomeksi käännettyjä kirjoja

Joogin omaelämäkerta
Saatavana myös Basam Books -kustantamosta
www.basambooks.com

Onnistumisen laki

Paramahansa Yoganandan sanontoja

Sielun pyhäkössä

Vahvistavien parannuslauseiden tiede

Paramahansa Yoganandan englanninkielisiä kirjoja

Autobiography of a Yogi

The Second Coming of Christ:
The Resurrection of the Christ Within You
Inspiroitu kommentaari Jeesuksen alkuperäisistä opetuksista.

God Talks with Arjuna: The Bhagavad Gita
Uusi käännös ja kommentaari.

Man's Eternal Quest
Paramahansa Yoganandan koottujen luentojen
ja puheiden ensimmäinen osa.

The Divine Romance
Paramahansa Yoganandan koottujen luentojen,
puheiden ja esseiden toinen osa.

Journey to Self-Realization
Paramahansa Yoganandan koottujen luentojen
ja puheiden kolmas osa.

Wine of the Mystic:
The Rubaiyat of Omar Khayyam —
A Spiritual Interpretation
Inspiroitu kommentaari, joka tuo päivänvaloon
jumalayhteyden mystisen tieteen Rubaijatin
arvoituksellisen kuvaston takaa.

Where There Is Light:
Innoitusta elämän haasteiden ymmärtävään kohtaamiseen.

Whispers from Eternity
Kokoelma Paramahansa Yoganandan rukouksia ja
jumalallisia kokemuksia korkeissa meditaatiotiloissa.

The Science of Religion

The Yoga of the Bhagavad Gita:
An Introduction to India's Universal Science of God-Realization

The Yoga of Jesus:
Understanding the Hidden Teachings of the Gospels

In the Sanctuary of the Soul:
A Guide to Effective Prayer

Inner Peace:
How to Be Calmly Active and Actively Calm

To Be Victorious in Life

Why God Permits Evil and How to Rise Above It

Living Fearlessly:
Bringing Out Your Inner Soul Strength

How You Can Talk With God

Metaphysical Meditations
Yli kolmesataa hengellisesti kohottavaa meditaatiota,
rukousta ja affirmaatiota.

Scientific Healing Affirmations
Paramahansa Yoganandan perusteellinen selostus
vahvistavien parannuslauseiden tieteestä.

Sayings of Paramahansa Yogananda
Kokoelma Paramahansa Yoganandan lausumia ja viisaita neu-
voja, hänen vilpittömiä ja rakastavia vastauksiaan niille, jotka
tulivat hakemaan häneltä opastusta.

Songs of the Soul
Paramahansa Yoganandan mystistä runoutta.

The Law of Success
Selittää ne dynaamiset periaatteet, joita noudattamalla on mah-
dollista saavuttaa tavoitteensa elämässä.

Cosmic Chants
Kuudenkymmenen antaumuksellisen laulun sanat ja melodiat.
Johdannossa Paramahansa Yogananda selittää, miten hengelli-
nen laulu voi johtaa jumalayhteyteen.

Paramahansa Yoganandan äänitteitä

Beholding the One in All

The Great Light of God

Songs of My Heart

To Make Heaven on Earth

Removing All Sorrow and Suffering

Follow the Path of Christ, Krishna, and the Masters

Awake in the Cosmic Dream

Be a Smile Millionaire

One Life Versus Reincarnation

In the Glory of the Spirit

Self-Realization: The Inner and the Outer Path

Muita Self-Realization Fellowshipin julkaisuja

*Täydellinen luettelo Self-Realization Fellowshipin
julkaisuista sekä ääni- ja videotallenteista on
saatavana pyydettäessä.*

Swami Sri Yukteswar:
The Holy Science

Sri Daya Mata:
Only Love:
*Living the Spiritual Life
in a Changing World*

Sri Daya Mata:
Finding the Joy Within You:
Personal Counsel for God-Centered Living

Sri Gyanamata:
God Alone:
The Life and Letters of a Saint

Sananda Lal Ghosh:
"Mejda":
The Family and the Early Life of Paramahansa Yogananda

Self-Realization
(Paramahansa Yoganandan vuonna 1925 perustama, neljä kertaa
vuodessa ilmestyvä lehti)

Self-Realization Fellowshipin opetuskirjeet

Paramahansa Yoganandan opettamia tieteellisiä meditaatiotekniikoita – *kriya*-jooga mukaan lukien – sekä ohjeita tasapainoisen hengellisen elämän kaikille alueille esitetään opetuskirjeissä, Self-Realization Fellowship Lessons. Tarkempaa tietoa löytyy ilmaiseksi saatavasta kirjasesta "Undreamed-of Possibilities", jota on englanniksi, espanjaksi ja saksaksi.

SANASTO

astraalimaailmat: Valon ja ilon kauniit valtakunnat, joihin kohtuullista hengellistä ymmärrystä omaavat siirtyvät kuoleman jälkeen kehittyäkseen eteenpäin. Vielä korkeampi on kausaali- eli ideataso. Näitä maailmoja kuvataan *Joogin omaelämäkerran* luvussa 43.

Aum eli Om: Kaikkien äänien perusta; Jumalaa tarkoittava universaali symboli-sana. Vedojen (ks. tätä) *Aum* tuli tiibetiläisten pyhäksi *Hum*-sanaksi, muslimien *Amin*- ja egyptiläisten, kreikkalaisten, roomalaisten, juutalaisten ja kristittyjen *Amen*-sanaksi. *Amen* tarkoittaa heprean kielessä varmaa ja uskollista. *Aum* on kaiken läpäisevä ääni, joka virtaa Pyhästä Hengestä (tämä on Näkymätön Kosminen Värähtely; Jumala Luojan aspektissaan). *Aum* on Raamatun "Sana", luomisen ääni, joka todistaa Jumalallisesta Läsnäolosta jokaisessa atomissa. *Aum*-ääni on mahdollista kuulla harjoittamalla Self-Realization Fellowshipin meditaatiomenetelmiä.

"Näin sanoo Amen, se uskollinen ja totinen todistaja, Jumalan luomakunnan alku" (Ilm. 3:14). "Alussa oli Sana. Sana oli Jumalan luona, ja Sana oli Jumala. – – Kaikki syntyi Sanan voimalla. Mikään, mikä on syntynyt, ei ole syntynyt ilman häntä." (Joh. 1:1–3.)

Babaji: Lahiri Mahasayan guru. (Lahiri Mahasaya oli Swami Sri Yukteswarin guru, ja Sri Yukteswar puolestaan Paramahansa Yoganandan guru.) Babaji on kuolematon avataara, joka elää salaisesti Himalajalla. Hänen arvonimensä on *Mahavatar* eli "Jumalallinen Inkarnaatio". Hänen Kristuksen kaltaisesta elämästään kerrotaan välähdyksiä Paramahansa Yoganandan *Joogin omaelämäkerrassa*.

Bhagavadgita ('Herran laulu'): Hinduraamattu: Herra Krishnan pyhiä sanontoja, jotka tietäjä Vyasa kokosi tuhansia vuosia sitten. (Ks. *Krishna*.)

ego: Ego-periaate, *ahamkara* (kirjaimellisesti 'minä teen') on kaksinaisuuden eli ihmisen ja Luojan näennäisen erillisyyden perussyy. *Ahamkara* saattaa ihmisolennot *mayan* (ks. tätä) alaisuuteen, minkä takia vallan alainen (ego) näyttäytyy valheellisesti itsenäisesti olemassa olevana; luodut kuvittelevat olevansa luojia.

Hävittämällä egotajuntansa ihminen havahtuu jumalalliseen identiteettiinsä, ykseyteensä ainoan Elämän, Jumalan, kanssa.

guru: Hengellinen ohjaaja, joka esittelee oppilaan Jumalalle. Termi "guru" poikkeaa "opettajasta", sillä ihmisellä voi olla monia opettajia mutta vain yksi guru.

harha: ks. *maya*.

hengellinen silmä: Viisauden "yksi" tai "yksittäinen" silmä, prana-energian tähtiovi, jonka kautta ihmisen on kuljettava kokeakseen kosmisen tietoisuuden. Pyhän oven läpi astumisen menetelmä opetetaan Self-Realization Fellowshipin jäsenille. "Minä olen portti. Se, joka tulee sisään minun kauttani, pelastuu. Hän voi vapaasti tulla ja mennä, ja hän löytää laitumen." (Joh. 10:9.) "Kun silmäsi on yksi, koko ruumiisi on valaistu. – – Pidä siis varasi, ettei se valo, joka sinussa on, ole pimeyttä." (Luuk. 11:34–35. Suomennos noudattaa Paramahansa Yoganandan käyttämää King James -raamatunkäännöstä, joka poikkeaa sanan "yksi" kohdalla suomalaisesta kirkkoraamatusta. *Suomentajan huomautus*.)

hengitys: "Hengitys liittää ihmisen luomakuntaan", Yoganandaji kirjoitti. "Lukemattomien kosmisten virtausten tulviminen ihmiseen hengityksen vaikutuksesta johtaa mielen levottomuuteen. Vapautuakseen ilmiömaailmojen jatkuvalta tulvalta ja astuakseen Hengen äärettömyyteen joogi oppii hiljentämään hengityksensä tieteellisellä meditaatiolla."

intuitio: "Kuudes aisti"; totuuden oivallus, joka johtuu välittömästi ja spontaanisti sielusta eikä synny pettävien aistien tai älyn välityksellä.

ji: Pääte, joka osoittaa kunnioitusta ja joka usein Intiassa lisätään nimiin. Paramahansa Yoganandaa kutsutaan näin ollen tässä kirjassa välillä nimityksillä Paramahansaji ja Yoganandaji.

jooga: Kirjaimellisesti ihmisen "yhtyminen" Luojansa kanssa tieteellisten Itse-oivallusmenetelmien avulla. Kolme pääpolkua ovat *Jnana*-jooga (viisaus), *Bhakti*-jooga (antaumuksellinen rakkaus) ja *Raja*-jooga ("kuningas- eli tieteellinen polku, joka sisältää *kriya*-joogan tekniikat.) Vanhin säilynyt pyhää tiedettä koskeva teksti on Patanjalin *Joogasutrat*. Patanjalin elinaika on tuntematon, mutta jotkut tutkijat olettavat hänen eläneen toisella vuosisadalla ennen Kristusta.

joogi: Joogan harjoittaja. Hänen ei tarvitse olla muodollisesti maailmasta luopunut; joogi keskittyy kuuliaisesti päivittäin harjoittamaan Jumalan oivaltamiseen johtavia tieteellisiä menetelmiä.

Jumalallinen Äiti: "Hindukirjoitukset viittaavat Jumalallisella Äidillä Luomattoman Äärettömän siihen aspektiin, joka on aktiivinen luomisessa", Paramahansaji kirjoitti. "Tämän Absoluutin personoidun aspektin voidaan sanoa 'kaipaavan' lastensa oikeanlaista toimintaa ja vastaavan heidän rukouksiinsa. Ne, jotka kuvittelevat, ettei Persoonaton voi ilmetä persoonallisessa muodossa, kieltävät itse asiassa Sen kaikkivoimaisuuden ja mahdollisuuden, että ihminen voisi olla yhteydessä Luojaansa. Kosmisen Äidin muodossa Herra ilmestyy elävässä koskettavuudessa todellisille *bhaktoille*, Persoonallisen Jumalan palvojille.

"Herra ilmestyy pyhimyksilleen muodossa, joka on kullekin rakkain. Hurskas kristitty näkee Jeesuksen; hindu Krishnan tai Kalijumalattaren; tai jos palvoja kokee palvonnan kohteen persoonattomaksi, hän näkee laajenevan Valon."

Kali: Mytologinen hindujumalatar, joka kuvataan nelikätisenä naisena. Yksi käsi symboloi Luonnon luovia voimia, toinen edustaa kosmisia säilyttäviä tehtäviä, ja kolmas ilmentää häviävyyden puhdistavia voimia. Kalin neljäs käsivarsi on ojentunut siunaamisen ja pelastamisen eleeseen. Näillä tavoin Hän kutsuu koko luomakuntaa takaisin jumalalliseen Alkulähteeseen. Kali-jumalatar on Jumalallisen Äidin (ks. tätä) yksi symboli tai aspekti.

karma: Tasapainottava karman laki, joka on hindujen pyhien kirjoitusten mukaan teon ja vaikutuksen, syyn ja seurauksen, kylvämisen ja korjaamisen laki. Luonnollisen oikeuden mukaan jokaisesta ihmisestä tulee oman kohtalonsa muokkaaja ajatustensa ja tekojensa kautta. Kaikkien niiden voimien, joita ihminen on pannut – viisaasti tai tyhmästi – liikkeelle, täytyy palata häneen, alkulähteeseensä, kuten ympyrän on vääjäämättä sulkeuduttava. "Maailma näyttää matemaattiselta yhtälöltä, joka tasapainottaa itse itsensä, miten sitä katsookin. Jokainen salaisuus kerrotaan julki, jokainen rikos rangaistaan, jokainen hyve palkitaan, jokainen vääryys korjataan, hiljaisesti ja varmasti." (Emerson: *Compensation*.) Karman ymmärtäminen oikeudenmukaisuuden laiksi vapauttaa ihmismielen Jumalaan ja ihmisiin kohdistuvasta katkeruudesta. (Ks. *reinkarnaatio*.)

kosminen tietoisuus: kokemus siitä Hengestä, joka ylittää äärellisen luomakunnan.

Krishna: Avataara, joka eli Intiassa kolmetuhatta vuotta ennen kristillistä aikaa ja jonka jumalallisia, *Bhagavadgitassa* (ks. tätä) kerrottuja ohjeita lukemattomat Jumalan etsijät arvostavat. Varhaisessa elämässään hän oli karjapaimen, joka lumosi toverinsa huilunsa soitolla. Kuvaannollisesti Krishna edustaa sielua, joka soittaa meditaation huilua ohjatakseen kaikki harhautuneet ajatukset takaisin kaikkitietävyyden tarhaan.

Kristus-tietoisuus: kokemus siitä Hengestä, joka on läsnä värähtelevän luomakunnan jokaisessa atomissa.

kriya-jooga: Muinainen Intiassa kehitetty tiede jumalanetsijöiden käyttöön. Sen tekniikkaan viittaavat ylistäen *Bhagavadgitassa* Krishna ja *Joogasutrissa* Patanjali. Tätä vapauttavaa tiedettä, joka johtaa harjoittajan kosmisen tietoisuuden saavuttamiseen, opetetaan SRF:n jäsenille.

Lahiri Mahasaya (1828–1895): Sri Yukteswarin (ks. tätä) guru ja Babajin (ks. tätä) oppilas. Lahiri Mahasaya elvytti muinaisen, lähes kadonneen joogatieteen nimittäen sen käytännön menetelmät *kriya*-joogaksi Hän oli Kristuksen kaltainen opettaja, jolla oli ihmeellisiä kykyjä; hän oli myös perheellinen mies, jolla oli työvelvollisuuksia. Hänen lähetystyönään oli tehdä tunnetuksi sellaista joogaa, joka sopii nykyajan ihmiselle ja jossa meditaatio yhdistyy tasapainoisesti maallisten velvollisuuksien oikeaan suorittamiseen. Lahiri Mahasaya oli *Yogavatar* eli "Joogan Inkarnaatio".

maya: Kosminen harha; kirjaimellisesti 'mittaaja'. *Maya* on luomisen taikavoima, jonka vaikutuksesta Mittaamattomassa ja Jakamattomassa näkyy rajoja ja erillisyyttä.

Sri Yogananda kirjoitti *Joogin omaelämäkerrassa*:
"Ei pidä ajatella, että vain *rishit* (hindutietäjät) tunsivat totuuden *mayasta*. Vanhan testamentin profeetat kutsuivat sitä nimellä Saatana (jonka kirjaimellinen merkitys heprean kielessä on 'vastustaja'). Saatana eli *maya* on kosminen taikuri, joka tuottaa muotojen moninaisuuden kätkeäkseen yhden muotoa vailla olevan Totuuden. Saatanan ainoa tarkoitus on suistaa ihminen Hengestä aineeseen. Kristus luonnehti *mayaa* kuvaannollisesti paholaiseksi, murhaajaksi ja valehtelijaksi. 'Saatana on ollut murhaaja alusta asti, ja totuudessa hän ei pysy, koska hänessä ei totuutta ole. Kun hän puhuu valhetta, niin hän puhuu omaansa, sillä hän on valhettelija ja sen isä.'" (Joh. 8:44.)

Mount Washington -keskus: Self-Realization Fellowshipin (Yogoda Satsanga Society of India -järjestön) kansainvälinen päämaja, jonka Paramahansa Yogananda perusti Los Angelesiin vuonna 1925. Vuoren laella sijaitseva alue, josta on näköala Los Angelesin sydämeen, on laajuudeltaan noin seitsemän ja puoli hehtaaria. Päähallintorakennuksessa (ks. kuvaa sivun 91 vieressä) Gurudeva Paramahansa Yoganandan huoneet on säilytetty pyhäkkönä. Tästä päämajasta käsin Self-Realization Fellowship levittää Paramahansajin opetuksia painettuina opetuskirjeinä jäsenille ja julkaisee hänen muita kirjoituksiaan ja puheitaan lukuisissa kirjoissa ja neljä kertaa vuodessa ilmestyvässä lehdessä, *Self-Realization*.

nirbikalpa samadhi: *Samadhin* korkein ja peruuttamaton Jumalaan yhtymisen aste. Ensimmäistä eli alustavaa vaihetta (jota leimaa transsi, kehollinen liikkumattomuus) kutsutaan nimellä *sabikalpa samadhi*.

Paramahansa: Uskonnollinen arvonimi, joka osoittaa, että ihminen on itsensä mestari. Sen myöntää guru oppilaalleen. *Paramahansa* tarkoittaa kirjaimellisesti 'korkein joutsen'. Joutsen on hindujen pyhissä kirjoituksissa hengellisen viisauden symboli.

Pyhä Henki: Ks. *Aum*.

reinkarnaatio: Hindujen pyhissä kirjoituksissa esitetty oppi, jonka mukaan ihminen syntyy yhä uudestaan maan päälle. Jälleensyntymät loppuvat, kun ihminen palaa tietoisesti Jumalan lapsen asemaan. "Siitä, joka voittaa, minä teen pylvään Jumalani temppeliin, eikä hän joudu milloinkaan lähtemään sieltä " (Ilm. 3:12). Karman lain ja sen seurauksen, reinkarnaation, ymmärtäminen on piilevästi läsnä monissa Raamatun kohdissa.

Varhainen kristillinen kirkko hyväksyi reinkarnaatio-opin, jota opettivat gnostikot ja useat kirkkoisät, mukaan lukien Clemens Aleksandrialainen, kuuluisa Origenes sekä viidennellä vuosisadalla elänyt pyhä Hieronymus. Näkemys julistettiin harhaopiksi vasta vuonna 553 Konstantinopolin toisessa kirkolliskokouksessa. Tuolloin monet kristityt ajattelivat, että reinkarnaatio-oppi tarjosi ihmiselle liian paljon aikaa ja tilaa, jotta hän pyrkisi välittömään pelastukseen. Nykyisin lukuisat länsimaiset ajattelijat hyväksyvät karman ja reinkarnaation teoriat nähden niissä oikeudenmukaisuuden periaatteet, jotka vallitsevat elämän näennäisten epäoikeudenmukaisuuksien alla. (Ks. *karma*.)

sadhu: Henkilö, joka harjoittaa *sadhanaa* eli hengellistä kurinalaisuutta; askeetti.

samadhi: Ylitietoisuus. *Samadhi* saavutetaan seuraamalla joogan kahdeksanaskelmaista tietä, jolla *samadhi* on kahdeksas askelma eli lopullinen päämäärä. Tieteellinen meditaatio – Intian viisaiden muinoin kehittämien joogamenetelmien oikea käyttäminen – johtaa palvojan *samadhiin* eli Jumalan oivaltamiseen. Sielu oivaltaa itsensä kaikkiallisena Henkenä samoin kuin aalto sulaa mereen.

Sat-Tat-Aum: Isä, Poika ja Pyhä Henki: Jumala transsendenttina – eli "ilman ominaisuuksia", *nirguna* – Kosminen tietoisuus autuaallisessa tyhjyydessä ilmiömaailmojen tuolla puolen; Jumala Kristustietoisuutena, läsnä olevana luomakunnassa; ja Jumala *Aum*-äänenä (ks. tätä), jumalallisena luovana värähtelynä.

Self-Realization Fellowship (SRF): Voittoa tavoittelematon, uskontokuntien rajat ylittävä uskonnollinen ja kasvatuksellinen järjestö, jonka Paramahansa Yogananda perusti Amerikan Yhdysvalloissa vuonna 1920. Siihen kuuluu Intiassa toimiva Yogoda Satsanga Society (YSS), jonka Paramahansa Yogananda perusti vuonna 1917.

Self-Realization-sääntökunta: Self-Realization-luostarikunta, jonka Paramahansa Yogananda perusti. Asianmukaisen harjoittelujakson jälkeen soveliaat kokelaat voivat tulla sääntökunnan munkeiksi ja nunniksi. He antavat yksinkertaisuuden lupauksen (tämä tarkoittaa vapautta omaisuudesta), selibaatin ja kuuliaisuuden lupaukset (jälkimmäinen tarkoittaa halukkuutta seurata Paramahansa Yoganandan muotoilemia elämänsääntöjä) sekä uskollisuuden lupauksen (tämä merkitsee omistautumista Paramahansa Yoganandan perustaman Self-Realization Fellowship -järjestön palvelemiseen). Koska Paramahansa Yogananda oli muinaisen Swami Shankaracharyan perustaman hindusääntökunnan Giri-haaran jäsen, Self-Realization -luostarikunnan jäsenet, jotka antavat lopulliset lupauksensa, kuuluvat Paramahansa Yoganandan kautta myös ikivanhaan Shankara-sääntökuntaan. (Ks. *svami*.)

SRF-opetuskirjeet: Koosteita Paramahansa Yoganandan opetuksista. Kirjeitä lähetetään kahden viikon välein Self-Realization Fellowshipin jäsenille ja oppilaille.

Sri Yukteswar (1855–1936): Paramahansa Yoganandan suuri guru. Sri Yogananda kutsui opettajaansa nimityksellä *Jnanavatar* eli "Viisauden Inkarnaatio".

svami: Intian vanhimman munkkikunnan jäsen. Swami Shankaracharya organisoi tämän munkkikunnan uudestaan kahdeksannella vuosisadalla. Svami lupaa elää selibaatissa ja luopua maailmallisista pyrkimyksistä; hän omistautuu meditaatioon ja ihmiskunnan palvelemiseen. Svami-munkkikuntaan kuuluu kymmenen eri nimistä haaraa, kuten *Giri*, *Puri*, *Bharati*, *Tirtha*, *Saraswati* jne. Swami Sri Yukteswar (ks. tätä) ja Paramahansa Yogananda kuuluivat *Giri* (eli vuori) -haaraan

vedat: Neljä hindujen pyhää tekstiä: *Rigveda*, *Samaveda*, *Yajurveda* ja *Atharvaveda*. Ne ovat olennaisesti laulun ja lausunnan kirjallisuutta. Intian suunnattoman kirjallisuuden joukossa *vedat* (nimi juontuu sanskritin sanasta *vid*, 'tietää') ovat ainoat kirjoitukset, joille ei ole mainittu tekijää. *Rigveda* esittää hymniensä alkuperäksi taivaallisen lähteen ja kertoo niiden juontuvan muinaisilta ajoilta uuteen kieliasuun verhottuina. Vedat on ilmoitettu aikakaudesta toiseen *risheille*, näkijöille, ja niiden sanotaan omaavan *nityatvaa*. "ajatonta lopullisuutta".

Yogananda: Yoganandan munkkinimessä yhdistyy kaksi sanaa, ja se tarkoittaa 'autuus (*ananda*) jumalallisen ykseyden (*yoga*) kautta'.

www.ingramcontent.com/pod-product-compliance
Lightning Source LLC
Chambersburg PA
CBHW032008040426
42448CB00006B/539